Iring Fetscher

Arbeit und Spiel

Essays zur Kulturkritik und Sozialphilosophie

den lieben … Frenzmann und Költer mit herzlichem Dank I. Fetscher

Philipp Reclam jun. Stuttgart

Universal-Bibliothek Nr. 7979 [2]

Gesamtherstellung: Reclam, Ditzingen. Printed in Germany 1983
ISBN 3-15-007979-9

Einleitung

Reflexionen über meine geistige Entwicklung

Wir alle werden als Philosophen geboren, fangen als Kleinkinder an, grundsätzliche und radikale Fragen zu stellen. »Warum ist überhaupt etwas und nicht vielmehr nichts?« Diese Heideggersche Frage kommt einem Kind nicht wunderlich vor. »Mammi, du bist ja eine Zauberin, du kannst offenbar eine Minute verkleinern!« soll ich als Vierjähriger meiner Mutter gesagt haben, als sie mich bat, »ein Minütchen zu warten«. »Warum wird morgen heute gestern sein?« lautete eine Frage, mit der ich etwa im gleichen Alter meine Gesprächspartner verwirrt haben soll. Das radikale Fragen des Kleinkinds wird zugeschüttet von den Antworten der Erwachsenen. Widersprüche zwischen den Mythen, mit denen man Kinder abspeist, und der ehrlichen Wahrheit führen entweder zur Resignation oder zum Willen, der Wahrheit »auf den Grund zu gehen«. »Entweder ihr lügt oder die Lotte vom Nachbarhaus«, lautete meine Feststellung, als es zwischen der elterlichen Information über die Geburt der Kinder durch die Mutter und der Klapperstorch-Mythe des Nachbarkindes zum Konflikt kam. Da die Eltern dieses Kindes eine sachliche Aufklärung nicht wünschten, muß es eine ziemlich schwierige Aufgabe für meine Eltern gewesen sein, das Vertrauen in die Wahrheit ihrer Informationen wiederherzustellen, ohne die Verbindlichkeit freundnachbarlicher Beziehungen deshalb zu gefährden. Es ist schon Kindern gegenüber nicht immer leicht, die Wahrheit zu sagen und ihr zum Sieg zu verhelfen.
Auf das radikale Fragen der frühen Kindheit folgt wohl in der Regel ein »realistisches Alter«, in dem die Dinge des Lebens mit bemerkenswerter Nüchternheit hingenommen werden. Die Freude des Erkannthabens deckt die Fragwürdigkeiten und Probleme zu. Nur »dumme kleine Jungen«

stellen unbeantwortbare Fragen. Der Stolz auf das bereits erworbene Wissen macht blind für die schier grenzenlose Ignoranz, von der man nach wie vor geprägt ist. Bei mir war der kindliche Realismus nicht sehr stark ausgeprägt. Als ältestes Kind fünf Jahre lang allein, konnte ich die Phantasiewelt und die der Träume lange genug ausbauen, um in ihr mehr Freude empfinden zu können als in der Realität. Das führte vermutlich zu Schwierigkeiten und Konflikten, an die ich mich jedoch kaum noch erinnere. Der Einbruch der harten sozialen und politischen Realität kam etwa zwei Jahre nach der Machtergreifung der Nazis. Mein Vater verlor seine Position als Dozent und außerordentlicher Professor. Die Familie mußte in eine kleinere Wohnung ziehen, Auswanderung in die Tschechoslowakei und die Schweiz wurde erwogen und vorbereitet. Schließlich blieben wir in Dresden, wo mein Vater als Arzt zu praktizieren begann. Mir wurde klar gemacht, daß es jetzt mehr denn je auf mich und meine eigenen Leistungen ankam.

Wenig später begann die Pubertät und mit ihr der zweite philosophische Schub. Durch die Veränderung des eignen Körpergefühls und das Erwachen des Geschlechtstriebes wird das Selbstverständnis stark modifiziert. Zugleich beginnt die Suche nach einer neuen, bleibenden Identität. Die Abgrenzung von der Welt der Erwachsenen wird bewußter, gerade weil sie biologisch wegzufallen beginnt. Auf der Suche nach Weltorientierung und Lebenssinn liest man, was einem in die Hand fällt und Antworten verspricht. Ich fand in der Bibliothek meines Vaters Gautama Buddhas Reden, Schopenhauers *Parerga und Paralipomena* und dann – vor allem – Nietzsche. Der *Zarathustra* berauschte mich, und eine kleine Höhle in der Nähe unseres Sommerhauses in der Sächsischen Schweiz diente mir als »Meditationsort«, von dem aus ich mit geziemender pubertärer Verachtung auf die konventionelle Welt der Erwachsenen hinabblickte. Was ich von all' dem wirklich aufgenommen habe, kann ich im nachhinein schwer sagen, da ich zu oft diese Bücher wiedergelesen habe. Fest steht, daß mich Buddha stark beeindruckt hat, so daß ich eine Reihe von Gedichten über seinen Lebensweg schrieb. Noch ein paar Jahre später diente mir Stefan Zweigs Novelle *Die Augen des ewigen Bruders* zum Thema einer buddhistischen Reimerzählung. Von Schopenhauers Mitleidsmoral und buddhistischer Identifikation mit der leidenden Natur ringsum machte ich mich etwas später ziemlich gewaltsam mit Hilfe der Nietzscheschen Kritik am (als Mitleidsreligion verstandenen) Christentum frei. Gerade die fragwürdigen heroischen Glorifizierungen des »starken Menschen«, der »blonden Bestie« zogen mich – wie vermutlich viele meiner Altersgenossen damals – an. Mittels der verachtungsvollen Nietzscheschen Aussagen über »die Massen« und das »Ressentiment der Zu-schlecht-Weggekommenen« konnten wir uns von der Elterngeneration, aber auch von dem vulgären Rummel der Naziwelt distanzieren. Und doch war diese Art der Kritik und Distanzierung höchst fragwürdig. Zog uns doch an Nietzsche gerade das an, was von einigen Nazis als Erbe in Anspruch genommen wurde. Wir lasen mit der gleichen inneren Zustimmung den Spott Nietzsches über das Bismarcksche Deutschland und seine Verachtung des Antisemitismus, wie seine antidemokratischen und antisozialistischen Invektiven, die wir zwar in erster Linie auf die Massenbewegung der Nazis bezogen, die uns aber doch auch zu halben Komplizen der Nazis machten. Später wurde mir klar, daß zumindest ansatzweise die Nazis zwei recht unterschiedliche Ideologien für ihre Anhänger bereithielten: eine Elite-Ideologie für die SS und höhere Führer der Hitlerjugend usw. und eine Massen-Ideologie für die »einfachen Partei- und Volksgenossen«. Diese Elite-Ideologie zumindest konnte sich auf Nietzsche berufen. Für ihre Anhänger war selbst der Rassismus von untergeordneter Bedeutung, jedenfalls brauchten sie ihn nicht, um sich mit der eignen Inferiorität im Sozialgefüge abzufinden. Insoweit war der Antisemitismus vor allem für die Massen gemeint, auch wenn Hitler und viele andere

Naziführer ihn selbst »fanatisch geglaubt« haben dürften. Noch näher an die Ideologie der Nazis führte die Lektüre von Oswald Spengler heran. Er suggerierte auf eine intellektuell anspruchsvolle Weise, daß nunmehr das Zeitalter der Imperialismen, der Massenzivilisation, der Technik gekommen sei und es keinen Zweck habe, nostalgisch sich nach Kultiviertheit, Maß, Humanität und Gefühlsseligkeit zurückzusehnen. Man müsse »hart« auch mit sich selber sein und die Zeichen der Zeit erkennen. Zugleich gelte es, »das Schicksal des faustischen Menschen« auf sich zu nehmen, das letztlich auf »Preußentum und Sozialismus« hinauslief. Unsere, ich meine die eigne und die »Weltanschauung« einiger Schulfreunde, lief auf eine recht wirre Mischung von halbverstandenem Nietzsche, Spengler und – uns relativ unbewußter – Beimischung von Nazi-Ideologie hinaus.
Etwa in die Zeit dieser weltanschaulichen Verwirrungen und Verirrungen fiel meine Konfirmation. Aus Solidarität mit meinen Eltern und im Bewußtsein der Oppositionsrolle, die damals die »bekennende Kirche« zu spielen begann, war ich bereit, mich konfirmieren zu lassen, obgleich ich eigentlich ziemlich weit vom Christentum entfernt war. Jesus, so vermutlich meine »Meinung«, war ein bedeutender Mensch und erfolgreicher Religionsstifter, aber Buddha schien mir eindrucksvoller, und außerdem kam es darauf an, sich im Geiste Nietzsches als mächtiger, verantwortlicher und starker »Kämpfer« (für was, war mir nicht recht klar) zu bewähren. Dennoch ging der Konfirmationsunterricht und die erneute Beschäftigung mit christlichen Lehren nicht ganz spurlos an mir vorüber. Etwas später begann ich mit Vorliebe Texte mittelalterlicher Mystiker (Meister Eckart, Seuse, *Theologia deutsch*) zu lesen und lernte Verse aus dem *Cherubinischen Wandersmann* des Angelus Silesius auswendig. »Ich weiß nicht, was ich bin. Ich bin nicht, was ich weiß, ein Ding und nicht ein Ding, ein Pünktchen und ein Kreis«. Vermutlich drückten diese Zeilen auch das Lebensgefühl des Jungen aus. Trotz Nietzsche und Spengler dürften Erinne-

rungen an die buddhistische Lektüre dazu beigetragen haben, mir die mittelalterliche deutsche Mystik (die wegen ihrer »Deutschheit« damals anerkannt war) nahezubringen. In meinen Aufzeichnungen finde ich Skizzen eines pantheistischen philosophischen Systems, das mich einige Jahre beschäftigte und zufriedenstellte, bis ich seine Brüchigkeit und Unzulänglichkeit erkannte. Unter den philosophischen Büchern, die ich damals – etwa sechzehnjährig bis achtzehnjährig – las, war auch Spinozas *Ethik*, die ich – als ich im Herbst 1940 eingezogen wurde – mit in die Kaserne nahm. Die Freude an der Klarheit und Schärfe der Formulierungen und die Übereinstimmung mit meinen eignen pantheistischen Spekulationen begeisterten mich. Nietzsche und Spengler gerieten darüber in Vergessenheit. Plato und Leibniz – alle übrigens in Kröners Taschenbuchausgaben – sprachen mich weit weniger an. Allenfalls die *Apologie des Sokrates* und der *Phaidon*. Während in der Nietzsche-Spengler-Phase eine gewisse Übereinstimmung von Verhalten und geistiger Orientierung vorhanden war, fielen beide jetzt immer weiter auseinander. »Äußerlich« wurde ich Soldat, Berufsoffizier, begeisterter Reiter, Bewunderer von Moltke und Seeckt, »innerlich« beschäftigte mich Spinoza und die Mystik. Die beiden Dinge konnten nicht gut zusammengebracht werden. In einem meiner Führungszeugnisse stand »geistiger Hochmut«. Damit war die ungewöhnliche Lektüre des Fahnenjunkers gemeint, der neben den vorgeschriebenen Studien über Strategie Spinoza und Leibniz las.

Schließlich nahm der Krieg und die Sorge ums eigene Überleben, später auch um das der mir anvertrauten Soldaten, die ganze Aufmerksamkeit in Anspruch. Jahrelang las ich fast nur noch erzählende Literatur, wie sie in den Feldbüchereien und in Bücherpaketen meiner Eltern mir erreichbar war. Die ständige Bedrohtheit des Lebens und der Anblick von so viel Vernichtung und Grauen ringsum machten mich bescheidener, was meine eigne Fähigkeit zum Erfassen der

Wirklichkeit der Welt und zu ihrer Deutung anlangte. Das Bewußtsein der totalen Ausgeliefertheit an das Schicksal führte zu einem völlig unbegründbaren, aber emotionale Ruhe verschaffenden Gefühl der »Geborgenheit in Gottes Willen«. Ganz unreflektiert – und von einem beobachtenden Psychologen gewiß leicht als Reaktionsbildung auf die äußere Unsicherheit diagnostizierbar – wurde ich in einer mir bis dahin unbekannten Weise fromm. Eine rational unerklärbare »Dankbarkeit« für jede Stunde des eignen Überlebens bemächtigte sich meiner und gab mir die nötige innere Ruhe, um das absehbare Ende abzuwarten.

Erst im Herbst 1945, eben aus britischer Kriegsgefangenschaft entlassen, erfuhr ich, daß mein Vater noch am letzten Tag des Krieges, am Tag der Befreiung vom Nationalsozialismus, auf den er so lange gewartet hatte, von SS erschossen worden war. Viele Jahre lang mußte ich diesen Verlust innerlich verarbeiten. In Träumen erschien mir mein Vater als stummer, schemenhafter Gast, mit dem wir andren Familienmitglieder nicht mehr kommunizieren konnten. So ähnlich müssen die antiken Vorstellungen vom »Reich der Schatten« entstanden sein. Das eindrucksvolle Vorbild meines Vaters, dessen Beruf es gewesen war, Menschen zu helfen, und der bei dem Versuch umgekommen war, der Bevölkerung seiner Stadt durch frühe Kontaktaufnahme mit der Besatzungsmacht Leid zu ersparen, veranlaßte mich, zunächst Medizin zu studieren. Mein Ziel war es damals, als Psychiater seelisch kranken Menschen helfen zu können. Zu groß waren aber meine geisteswissenschaftlichen und philosophischen Interessen, als daß ich sie während des Medizinstudiums hätte ganz vernachlässigen können. Drei Semester lang versuchte ich ein Doppelstudium, dann gab ich die Medizin zugunsten von Philosophie, Germanistik und Romanistik auf. Die Universität Tübingen, an der ich – wie mein Vater fünfundzwanzig Jahre zuvor – mein Studium aufnahm, war durch ihre Unversehrtheit für eine große Anzahl bedeutender Gelehrter attraktiv geworden. Ich hörte

Vorlesungen von Gerhart Krüger, Wilhelm Weischedel, Eduard Spranger, Romano Guardini und Theodor Steinbüchel. Die beiden katholischen Theologen sprachen oft auch über Themen von allgemeinem Interesse. Die während der letzten Kriegsjahre erwachte Religiosität veranlaßte mich, Unterricht bei einem Benediktinerpater zu nehmen, der mich auf die Konversion vorbereitete, die 1946 oder 1947 im Kloster Beuron vollzogen wurde. Das äußere Zeichen dieser Konversion war für mich vor allem wichtig als Mittel zur Unterstreichung der Bedeutung, die das Christentum für mich nunmehr gewonnen hatte. Außerdem sagte mir die größere philosophische Rationalität der katholischen Theologie eher zu als der antirationale Affekt zumindest mancher lutheranischer Theologen. Mich zog die katholische Auffassung an, daß der Mensch im Sündenfall nicht total »korrumpiert« worden sei, sondern seine Vernunft so weit behalten habe, daß er sogar aus eigner Kraft bis zur Erkenntnis Gottes und seines Wesens (nicht jedoch seiner »Gesinntheit gegenüber den Menschen«) gelangen könne. Gegenüber dem dominierenden Irrationalismus der Nazi-Ideologie schien mir die Stärkung des Glaubens an die Kraft der menschlichen Vernunft, die aus solchen theologischen Sätzen sprach, in hohem Maße erwünscht. Zwar sah ich durchaus auch ultrakonservative und reaktionäre Tendenzen im Katholizismus, aber der Katholizismus von Steinbüchel und Guardini und die tolerant katholische Atmosphäre in einer dominant und traditionell protestantischen Universität wie Tübingen waren dazu angetan, diese negativen Züge zurücktreten zu lassen.

Trotz meiner Konversion wurde ich jedoch nicht Schüler des zum Katholizismus neigenden Philosophen Gerhart Krüger, sondern des Repräsentanten eines aufgeklärten Kulturprotestantismus, Eduard Sprangers. Das mag zum Teil an dem Zufall gelegen haben, daß Spranger eher nach Tübingen kam, teilweise aber auch daran, daß ich mehr und mehr von der Philosophie des deutschen Idealismus, namentlich von

Hegel angezogen wurde, den Eduard Spranger uns damals nahezubringen wußte. Gespräche mit dem alten Hegelianer Theodor Haering, der als Junggeselle in einem schönen alten Haus auf der Neckarhalde lebte, bestärkten mich in dem Entschluß, über Hegel zu promovieren. Übrigens gab es über Steinbüchels frühe Marx-Arbeit auch eine Verbindung mit Interessen dieses katholischen Sozialphilosophen, der als einer der ersten die Freiheitlichkeit der Hegel-Kritik des jungen Marx erkannt und anerkannt hatte.
Mein ursprünglicher Plan war es, über die Funktion der Sprache und der Sprach-Reflexionen in Hegels Philosophie zu arbeiten. In mehreren Gesprächen mit Theodor Haering, zu dem mich Spranger geschickt hatte, kam ich schließlich – mit einigem Bedauern – von diesem Projekt ab. Haering meinte, es sei einfach für eine Dissertation zu anspruchsvoll und zeitraubend. Ich solle später einmal auf das Thema zurückkommen. Eduard Spranger schlug mir schließlich vor, über Hegels »Philosophie des subjektiven Geistes« (in der *Enzyklopädie*) zu schreiben und dabei zu erforschen, ob hier nicht wichtige Beiträge zu einer »geisteswissenschaftlichen Psychologie« gefunden werden könnten, wie sie Spranger entworfen hatte. Dieser zweite Teil meiner Dissertation hat später weder mich noch meinen Lehrer besonders befriedigt. Meine Beurteilung der geisteswissenschaftlichen Psychologie und mein Interesse an ihr war begrenzt, mich faszinierte vielmehr das Hegelsche System und der – bis dahin stark vernachlässigte – Systemteil der »Lehre vom Menschen«, wie ich die »Philosophie des subjektiven Geistes« schließlich nannte. Meine Arbeit wuchs sich zu einer Art Kommentar zu den entsprechenden Paragraphen der *Enzyklopädie* aus, wobei ich zum Vergleich parallele Stellen aus der *Phänomenologie des Geistes*, den Jenenser Schriften und der *Logik* heranzog.
Während der Arbeit an der Dissertation verbrachte ich ein halbes Jahr in Paris, wo mir eine »Bourse d'Etat« angeboten worden war. Ich lebte in einem katholischen Studentenheim

im Süden der Stadt und besuchte Vorlesungen der Philosophen Laporte, Hyppolite (Nachfolger Laportes) und Jean Wahl. Bei Wahl durfte ich zwei Referate über Hegel halten. Der tiefste Eindruck dieser Pariser Zeit war jedoch meine Begegnung mit Alexandre Kojève, dessen Buch über die Hegelsche *Phänomenologie des Geistes* ich zusammen mit Gerhart Lehmbruch übersetzt und in Deutschland bekannt gemacht habe. Vielleicht sollte ich noch ergänzen, daß ich durch den Kontakt mit Dresden, von wo meine Mutter 1948 in den Westen übersiedelte, an zahlreiche marxistische Publikationen gekommen war und Arbeiten von Marx, Engels, Plechanow, Georg Lukács und Ernst Bloch, die dort veröffentlicht wurden, schon mit großem Interesse gelesen hatte. Das Hegel-Buch von Lukács, das 1948 in der Schweiz erscheinen mußte, weil es seinen Genossen nicht orthodox genug erschien, habe ich damals, zusammen mit dem Hegelbuch von Hyppolite, rezensiert. Durch die Lektüre von Lukács, aber auch der Werke von Marx und Engels war ich auf Kojèves Hegeldeutung vorbereitet. Kojève gehört zu den seltenen überzeugten Hegelianern unseres Jahrhunderts, die zugleich überzeugte Marxisten waren. Der Hegelschen Phänomenologie entnahm er eine »genetische Anthropologie«, die ihm als Ergänzung der Marxschen Geschichtstheorie unentbehrlich zu sein schien. Dabei nahm er auch existenzphilosophische Momente in seine Deutung auf, was besonders deutlich an seinen Ausführungen über die Rolle des Todes in der Phänomenologie zutage trat. Die Auseinandersetzung mit Kojève, den ich damals bei aller Bewunderung freilich nicht voll akzeptieren konnte, durchzieht denn auch meine Dissertation, die erst zwanzig Jahre nach ihrer Annahme im Druck erschienen ist. (*Hegels Lehre vom Menschen*, Stuttgart 1970.)

Schon in den Jahren vor Abfassung meiner Dissertation – sowohl in Tübingen als auch in Paris – hatte ich mich intensiv mit dem Marxismus beschäftigt. Mein Verhältnis zu ihm war sowohl kritisch als auch engagiert. Die doktrinäre, stalinistische Form des Sowjetmarxismus erschien mir als eine die Realität verdeckende Rechtfertigungsideologie. Dagegen sah ich in den Schriften des frühen Marx wie in *Geschichte und Klassenbewußtsein* von Georg Lukács eindrucksvolle Fortbildungen und kritische Korrekturen der Hegelschen Philosophie. Angesichts verbreiteter Unkenntnis und einseitig diffamierender Polemik betrachtete ich es als eine wichtige Aufgabe, die weitgehenden Unterschiede, ja Gegensätze zwischen der humanistischen Kritik des frühen Marx und der doktrinären Rechtfertigungslehre des stalinistischen Marxismus herauszuarbeiten. Aus diesem Impuls heraus sind eine Anzahl von ersten Publikationen hervorgegangen. So ein *kritischer Kommentar* zu Stalins kleiner Schrift *Über dialektischen und historischen Materialismus* (1954) und eine – vor allem für Schüler gedachte – Arbeit *Von Marx zur Sowjetideologie* (1956, [21]1981), die Texte, Interpretationen und kritische Gesichtspunkte zum Marxismus – am Leitfaden seiner Geschichte bis zum Eurokommunismus (1981) – enthält. In diesen Arbeiten kam meine eigne Position nur indirekt zum Ausdruck. Sie wollten in erster Linie informieren und zu fundierter, wahrheitsgetreuer Kritik hinführen.

Eine Reihe von kleineren Arbeiten, die in den zwischen 1956 und 1967 von mir herausgegebenen *Marxismusstudien* der Evangelischen Studiengemeinschaft und in Zeitschriften erschienen sind, gehen mehr ins Detail. So insbesondere die Studie über *das Verhältnis des Marxismus zu Hegel*, in der ich u. a. nachzuweisen suche, daß Stalins Anti-Hegelianismus den faktischen konservativen Hegelianismus seiner Staatsdoktrin nur verschleiert und daß im Grunde nicht Hegel, sondern der kritische frühe Marx als »Feind« angesehen und tabuisiert wird. Die von jungen Marxisten theoretisch geleiteten und begründeten Aufstände in Polen und Ungarn (1956) sowie in der Tschechoslowakei (1968) schienen meine These von der totalen Perversion der Marxschen Emanzipationstheorie zur Rechtfertigungsideologie neuer politischer Eliten und von der kritischen Potenz der Marxschen Frühschriften zu bestätigen. Freilich haben Theorien nie den »Treibstoff« für soziale und politische Veränderungen liefern, sondern nur sprachlich artikulieren und bewußt machen (und dadurch verstärken) können. Daß auch diese Funktion dem kritischen Marxismus heute nicht mehr recht gelingen will, zeigt die Entwicklung der polnischen Arbeiterbewegung seit dem Sommer 1980, die von nationalen und religiösen, aber kaum von marxistischen Gedanken geprägt wird bzw. in ihnen Ausdruck findet. Indem sie den Marxismus zur Hure der Macht degradiert haben, nahmen die politischen Eliten des »real existierenden Sozialismus« ihm zugleich seine kritische und subversive Kraft. Noch die Worte, mit denen Unterdrückte ihre Leiden artikulieren könnten, sind durch ihren systematischen Mißbrauch zu apologetischen Zwecken entwertet. Der Protest in den Gulags ist verzweifelt und stumm oder muß sich Worte bei älteren Theorien und Ideologien ausborgen. Es ist eine offene Frage, ob sich der degradierte Marxismus – ähnlich wie das institutionell manipulierte Christentum – von diesem Schicksal noch einmal erholen und erneut zum Mittel der Artikulation radikaler Kritik und des Emanzipationsbedürfnisses werden kann. Georg Lukács sah – während der letzten Monate seines Lebens – Hoffnung allein noch im Aufstand junger Menschen in der westlichen Welt.

Zwischen 1950, dem Abschluß meiner Dissertation, und 1959, der Annahme meiner Habilitation, war ich vorwiegend mit »Auftragsarbeiten« beschäftigt. Ich war Lehrbeauftragter in Stuttgart-Hohenheim für Philosophie und in Ulm (Hochschule für Gestaltung) für Soziologie und Sozialphilosophie. Daneben hielt ich zahlreiche Vorträge über Marxismus-Leninismus und über den deutschen Faschismus. Zwischen 1956 und 1959 arbeitete ich außerdem an meiner Habilitationsschrift über »Rousseaus politische Philosophie«. In diesem Jahrzehnt zwischen 1950 und 1960 begann ich mich allmählich von meinen lebendigen und

toten »Lehrern« zu emanzipieren. Ich hörte auf, Hegelapologet zu sein (wie ich das in der Dissertation noch weithin gewesen war), wurde aber deshalb keineswegs »orthodoxer Marxist«. Wonach ich halbbewußt suchte, das war eine realistische Sozialphilosophie, die sowohl Erkenntnisse des Marxismus als auch der Psychoanalyse und der klassischen deutschen Philosophie angemessen in sich integrieren würde. Bei dieser Suche mußte ich auch auf die Arbeiten der sogenannten »Frankfurter Schule« (Max Horkheimer, Theodor W. Adorno, Herbert Marcuse) stoßen, mit denen ich mich damals intensiv zu beschäftigen begann. Erste persönliche Kontakte zu Max Horkheimer endeten mit dem vagen Plan einer Habilitation in Frankfurt über Thomas Hobbes, von dem ich jedoch Abstand nahm, weil mir in Tübingen großzügige Arbeitsbedingungen geboten wurden und mit Walter Schulz ein sympathischer philosophischer Förderer der »nächsten Generation« (nach der Eduard Sprangers) aufgetaucht war.
Starke Anregungen erfuhr ich während dieser Jahre durch die Diskussionen in der *Marxismuskommission* der Evangelischen Studiengemeinschaft, in der Philosophen, Historiker und Theologen über Probleme der Interpretation und der Entwicklung des marxistischen Denkens referierten. Rousseaus politische Philosophie interessierte mich im Zusammenhang mit der Frage nach verschiedenen Theorien und Erscheinungsformen menschlicher Freiheit. Während mir in Hegels Philosophie des Geistes eine – für uns heute nicht mehr akzeptierbare – Konzeption der Befreiung durch Vergeistigung begegnet war und Marx die Hegelsche Befreiung auf die Ebene realer sozialer Verhältnisse zu übertragen suchte, kannte Rousseau zwei deutlich unterschiedene Arten von Freiheit: die Unabhängigkeit des ursprünglichen Naturmenschen, der völlig autark gedacht wird und »isoliert in den Wäldern« vorzustellen ist, und die Freiheit des Citoyen, der sich als integraler Teil der Republik versteht und den »Gemeinwillen will«. Während die Freiheit des Citoyen der

Hegelschen Konzeption nahekommt, ist die Unabhängigkeit des ursprünglichen Naturmenschen ein typisches Beispiel für die von Marx beschriebenen »Robinsonaden« des frühen Bürgertums. Allerdings mit dem Unterschied, daß sich Rousseau der Tatsache durchaus bewußt war, daß isoliertlebende Naturmenschen im Grunde kaum von Tieren sich unterscheiden würden, weil sie dann weder Sprache noch Vernunft noch Moral entwickeln könnten. Er nennt sie daher gelegentlich »animaux stupides«. Dennoch hat jene unterstellte Unabhängigkeit auch für Rousseau einen gewissen normativen Wert. Die Herstellung des legitimen Gemeinwesens kann er sich einfach nicht anders als aus dem bewußten und freiwilligen Zusammenschluß selbständiger (unabhängiger) Individuen vorstellen. Unbewußt projiziert damit auch er das bürgerliche Individuum in die Vergangenheit zurück. Der Übergang von dieser angenommenen Unabhängigkeit und Selbständigkeit zum »corps politique et moral« wird so zu einem kaum lösbaren Problem und veranlaßt Rousseau zur Einführung einer Anzahl von Hilfskonstruktionen wie dem »législateur«, der sich »der Sprache der Götter« bedienen darf, und der »religion civile«, die zur Denaturierung (und Moralisierung) der Individuen beiträgt und ihnen gegenseitige Garantien hinsichtlich des Verhaltens verschafft.

Als ich 1959 meine Rousseau-Arbeit abschloß, war ich überzeugt, daß dessen Denken kaum noch irgendeine aktuelle Bedeutung habe. Sein politisches Ziel: durch republikanische Verfaßtheit kleiner, relativ rückständiger Staaten den ökonomischen und technischen Fortschritt und damit den individualistischen moralischen Verfall möglichst lange aufzuhalten, schien mir sowohl obsolet als auch hoffnungslos zu sein. Schon Rousseau selbst hatte ja hinsichtlich des zeitgenössischen England, Frankreich und anderer Großstaaten politisch resigniert. Allenfalls Polen und gewiß das kleine Korsika konnten nach seiner Überzeugung als legitime und tugendhafte Republik organisiert werden. Immer-

hin hatte mich die intensive Rousseau-Lektüre auf die von keinem Denker so klar herausgearbeiteten Ambivalenzen des Fortschritts aufmerksam gemacht. Daß Rousseau die sozialistische Lösung für das Problem der wachsenden Besitzdifferenzierung und sozialen Abhängigkeit der Armen von den Reichen nicht finden konnte, schien mir damals lediglich Ausdruck seiner kleinbürgerlichen Fixierung auf das kleine Produktionsmitteleigentum; seine pessimistische Geschichtsphilosophie Reflex seines Standpunkts in einer dem Untergang geweihten sozialen Klasse. Als ich 1968 das Buch zur zweiten Auflage vorbereitete, begann ich sowohl die Forderung der »direkten Demokratie« (bei Rousseau republikanische Gesetzgebung durchs Volk) als auch die Kritik am ökonomisch-technischen Fortschritt ernster zu nehmen. Heute sehe ich in Rousseau einen Propheten, der zwar keineswegs die Lösungen unserer Probleme, aber doch deren Bewußtmachung in vieler Hinsicht vorweggenommen hat. (Vgl. in der vorliegenden Ausgabe den Aufsatz *Rousseau, Voltaire und wir*, S. 125–145.)
Von Beginn meines Philosophiestudiums an hatte mich die Frage nach der Entstehung des deutschen Faschismus interessiert. Ich war erstaunt, daß die so einfache marxistische Antwort nicht rasch populär wurde, stellte sie doch eine sinnfällige »Entlastung« dar, indem sie den Faschismus als ein beinahe »notwendiges« Produkt des Spätkapitalismus in seiner imperialistischen Phase begreift. Damit wurde der deutschen Entwicklung zugleich ihre »Sonderstellung« und dem deutschen Faschismus seine Singularität genommen. Grund für die Nichtrezeption der marxistischen Deutung war vermutlich der tiefeingewurzelte Antikommunismus, der aus der Nazizeit in die Nachkriegsperiode »hinübergerettet« wurde und zu emotionalen Sperren bei einem Großteil der älteren Generation führte. Dennoch vermochte mich die orthodox-marxistische Marxismusinterpretation nie zu befriedigen. Sie unterstellt lediglich die Manipulierbarkeit der Massen, ohne sie erklären zu können, und kann im

Grunde genommen den Massenanhang der Nazipartei nicht begreifen. Hier konnten psychoanalytische Hypothesen, wie sie von den Frankfurtern entwickelt wurden, ergänzend einspringen. Darüber hinaus aber mußte die Geschichte des »verspäteten deutschen Bürgertums«, seiner politischen Schwäche und die Spaltung der Arbeiterbewegung in die Reflexion einbezogen werden. Die Entstehung und Entwicklung des deutschen Faschismus war ein aufschlußreiches »Lehrstück« über das Verständnis der Komplexität historischer Ereignisse. Keine monokausale Erklärung reichte aus. Geschichtsphilosophische Spekulationen mußten sich an diesem Beispiel als unzulänglich erweisen. Alexandre Kojève war der letzte, der eine solche welthistorische Spekulation versucht hatte. So imponierend sie mir auch schien, so wenig konnte ich sie akzeptieren. Seiner Ansicht nach war der Zweite Weltkrieg eine internationale Auseinandersetzung zwischen sowjetischem Links- und faschistischem Rechts-Hegelianismus gewesen. Trotz der Niederlage der Nazis war der Kampf noch immer nicht definitiv entschieden. Ganz gleich aber, welche Seite siegen würde, Hegel hätte immer Recht behalten. Ich bin mir nicht sicher, ob Kojève diese Auffassung später wirklich noch ernsthaft verteidigt hat. Jedenfalls mußte man schon ein sehr distanziertes Verhältnis zu den Dingen haben, um sie so sehen zu können. Ich erinnere mich noch daran, wie ich selbst in den Jahren meiner ersten intensiven Beschäftigung mit Hegel den »welthistorischen Sinn« des Zweiten Weltkriegs in der definitiven Diskreditierung des Nationalismus finden zu können glaubte. Durch extreme Übertreibung, so schien es mir, war diese Ideologie definitiv zerstört worden. Auf ungemein blutige und grausame Weise hatte die Geschichte (jedenfalls den Deutschen) den Nationalismus ausgetrieben und damit »Fortschritt« bewirkt. Je fragwürdiger solche geschichtsphilosophischen Thesen wurden, desto stärker wurde ich davon überzeugt, daß zumindest der Glaube an einen »unüberwindlichen historischen Fortschritt« als Aberglaube angesehen werden müsse. Es gibt Fortschritte, das ist nicht zu leugnen, aber es gibt weder eine Garantie noch eine Simultaneität des Fortschreitens auf verschiedenen Gebieten. Hinter den Fortschritten der Naturbeherrschung sind nicht nur die Fortschritte der Humanität zurückgeblieben, sondern die vermehrten Produktionsmittel haben als Zerstörungsmittel von Mensch und Natur die Folgen sittlichen Ungenügens sogar noch gesteigert und die Sozialstruktur hat – wie u. a. Rousseau und Fred Hirsch gezeigt haben – sittliches Verhalten sogar zunehmend unterdrückt oder zumindest erschwert.

Fragen des Alltagsverhaltens von Menschen in unserer Gesellschaft haben mich seit jeher interessiert. So lief neben den vorwiegend philosophiehistorischen und ideologiekritischen Arbeiten während dreißig Jahren die Beschäftigung mit der Alltagsmoral und den Veränderungen der sozialen Einstellung, die ich beobachtete, eng einher. In diesen kleinen Arbeiten, von denen einige in diesem Bändchen abgedruckt sind, werden nebeneinander kritische Methoden und Kategorien der Psychoanalyse, der Marxschen Kritik, der Schelerschen Ethik und der Phänomenologie benützt. Die Verwendung ist unsystematisch und muß vermutlich eklektisch genannt werden. Ich verwende die Methoden oder Kategorien, die mir jeweils am geeignetsten erscheinen, um Widersprüche, Unzulänglichkeiten, Symptome des Selbstmißverständnisses oder des Verfalls aufzuzeigen. Der eigene Standpunkt, die Normen, an denen das jeweilige Verhalten gemessen wird, werden nicht oder nur indirekt sichtbar. Erst im Zusammenhang mit dem Auftauchen und Bewußtwerden der ökologischen Problematik begann mir selbst klar zu werden, daß ohne eine konservative Haltung des Bewahrens humanes Leben nicht mehr gewährleistet werden kann. Dieses Bewahren ist unvereinbar mit dem neuzeitlichen unkritischen Progressismus, aber auch mit dem Universalismus, wie er sich in Europa und Nordamerika entwickelt hat. Die Anerkennung des Rechts der Besonderheit, der Eigenart, der Einmaligkeit nicht nur von Individuen, sondern auch von Kulturen und ethnischen Einheiten ist eine der wichtigsten Voraussetzungen für das friedliche Zusammenleben und Überleben der Menschheit. Das Insistieren auf der je eigenen Besonderheit muß aber nicht mit einer Negierung des Existenzrechts anderer Besonderheiten verbunden sein. Das wird vielmehr nur dort geschehen, wo diese Besonderheit von anderen in Frage gestellt wird und mit einem Universalitätsanspruch verbunden ist. Das letztere war wohl in keiner Kultur so sehr der Fall wie in der europäisch-nordamerikanischen. Der so viel beklagte »Expansionismus« der Sowjetunion ist nur eine spezifische Variante dieses Universalismus. Der ungeheuere Erfolg und die tatsächlich universale »Brauchbarkeit« naturwissenschaftlich-technischer Errungenschaften, wie sie gerade aus der abendländischen Kultur hervorgegangen sind, haben bei Europäern und Amerikanern den Glauben an die Gültigkeit und Verbindlichkeit der eignen Kultur für alle Völker befestigt. Der Erfolg des universalen Mittelsystems führte zu der Illusion, hier seien auch allgemeingültige Ziele gesetzt. Auf den Missionseifer der katholischen Kolonisatoren, hinter dem sich die nackte Geld- und Goldgier oft nur schlecht verbarg, folgte das zivilisatorische Sendungsbewußtsein der holländischen, vor allem aber der englischen Kolonisatoren und des nordamerikanischen ökonomischen Imperialismus. Noch die älteren Entwicklungstheorien sind von diesem Sendungsbewußtsein geprägt. Die Länder, deren kulturelle Identität und deren soziale Stabilität durch das Eindringen der warenproduzierenden europäisch-nordamerikanischen Zivilisation zerstört worden ist, galten schlicht als »unterentwickelt«. Hilfe für sie bedeutete nichts anderes, als einen Beitrag zur beschleunigten Angleichung ihrer Sitten, Gebräuche, Sozialordnungen usw. an die europäischen Standards zu leisten. Europäisierte Eliten dieser Länder – auch solche, die sich als »Antiimperialisten« verstanden und verstehen – akzeptierten lange Zeit diese Sicht, selbst wenn

sie gegen die ehemaligen Kolonialmächte kämpften. Die Reaktion auf den Verlust der eignen Identität kleidete sich freilich oft genug in schlichte Restauration der idealisierten Vergangenheit. Aber jene Bewegung ist verständlich. Sie kommt einem Bedürfnis nach »Identitätsbewahrung« entgegen und kann nur dann in eine verständnisvollere Richtung geleitet werden, wenn jene fundamentale Bedrohung durch die Industriezivilisation des Westens (die vom Ostblock bislang nur kopiert wird) und die Marktmacht der industriell »fortgeschrittenen« Länder aufhört, die Identität aller anderen Kulturen zu bedrohen. Erst dann können jene fremden und eigenständigen Kulturen auch ohne Gefahr des Selbstverlustes von den Errungenschaften der Europäer und Nordamerikaner aufnehmen, was ihrem Wohlergehen wirklich nützt. Das Beispiel der Japaner, die – so wird behauptet – jenes Wunder der Übernahme moderner abendländischer Technologie bei gleichzeitiger Bewahrung ihrer kulturellen Identität vollbracht haben sollen, kann nicht recht überzeugen. Voraussichtlich werden die seelischen Kosten dieser – seit der Meji-Reform eingeleiteten – Gewaltkur in den kommenden Jahren immer deutlicher zutage treten.
Jene Korrektur des blinden Fortschrittsglaubens, dem – obgleich keineswegs uneingeschränkt – auch Marx und Engels vor allem in ihren Aussagen über die Bedeutung des Kolonialismus huldigten, wurde durch die frühe Einsicht in das Scheitern des »sozialistischen Experimentes« in der Sowjetunion vorbereitet. Auch wenn dieses Scheitern sehr wohl durch den Hinweis auf die Vorgeschichte dieses Landes und seiner Kultur (halbasiatische Produktionsweise, fehlende bürgerliche Revolution und bürgerliche Aufklärung, weltfremdes, der Staatsmacht völlig ausgeliefertes Christentum usw.) erklärt werden kann, bleibt der Anstoß einer so totalen Mißbrauchbarkeit sozialistischer Ziele und Methoden bestehen. Die Leninsche und auch noch die Rosa Luxemburgsche Einstellung gegenüber der jüdischen (jiddischen) Kultur des alten Rußland ließen mich die Blindheit

dieser Fortschrittsgläubigen für den Wert und die Bedeutung kultureller Eigenart erkennen. Diese jiddische Kultur galt Lenin wie Rosa Luxemburg, Trotzki wie vielen anderen Marxisten lediglich als Ausdruck säkularer Zurückgebliebenheit und sozialer Unterdrückung. Sie werde daher – so lautete die Hoffnung und Erwartung – in einer sozialistischen, klassenlosen Gesellschaft restlos aufgehen. Die Juden würden sich dann »vom Stigma ihrer Zurückgebliebenheit«, das identisch war mit ihrer kulturellen Identität (ihren Bräuchen, ihrer Sondersprache, ihrer Religion usw.) freimachen. Das Problem war seit der Aufklärung bekannt. Auch der frühe Marx hatte im Judentum (in der sehr einseitig interpretierten, mißverstandenen jüdischen Religiosität) nur eine Partikularität erblickt, von der sich die Menschen befreien sollten. Dieser Universalismus erschien mir nicht nur unrealistisch (die Geschichte hat seither die große Bedeutung der nationalen und ethnischen Besonderheiten immer wieder offenbart), sondern auch inhuman. Das wirkliche Problem heißt nicht Existenz ethnischer und kultureller Partikularitäten, sondern deren friedliche Koexistenz und wechselseitige *Toleranz*. Kein Wunder, daß für die überzeugten Anhänger des welthistorischen Fortschritts und des eurozentrischen Universalismus Toleranz keine zentrale Bedeutung besitzt. Sie wird in dem Maße hinsichtlich anderer Kulturen überflüssig, in dem diese sich der »allgemein menschlichen« – und das heißt für viele noch immer europäischen – Zivilisation annähern.

Die Anerkennung einer Pluralität eigenständiger Kulturen, deren Existenzrecht weder durch geschichtsphilosophische Konstruktionen noch durch einen legitimen Universalitätsanspruch der abendländischen Zivilisation in Frage gestellt werden darf, schließt freilich – für uns – die Identifikation mit unserer Tradition und deren kritische Aufarbeitung nicht aus. Umgekehrt kann der Blick auf fremde Kulturen uns zwar anregen und bereichern, kaum aber dürfen wir von ihnen die Lösung *unserer* Probleme erwarten. Wie schon einmal in den zwanziger Jahren beobachte ich im heutigen Westen eine verbreitete Faszination durch ost- und südasiatische Religionen und Meditationstechniken. Diese Faszination ist verständlich und wird dadurch verstärkt, daß das Wissen um die eigenen europäischen religiösen Traditionen (z. B. die christliche Mystik) weithin verlorengegangen ist und daß sich die Kirchen fast ausnahmslos an den unkritischen Progressismus »angepaßt« haben, aus Furcht, sie könnten »zurückbleiben«. Nur dort, wo sie sich mit den Hoffnungen der Leidenden verbunden haben – wie teilweise wohl in Lateinamerika –, sind sie noch lebendige gestaltende Kräfte. Kann sein, daß ihnen von dort her auch bei uns neue Stärke zuwächst.

Das Problem der Friedenssicherung, das mich in meiner Frankfurter Antrittsvorlesung beschäftigte (*Modelle der Friedenssicherung*, München 1972), hängt mit dem des Universalismus direkt zusammen. Die beiden Supermächte USA und Sowjetunion verstehen sich heute beide als Exponenten einer universal gültigen sozialen Doktrin und einer vorbildlichen Lebensform. Durch den beiderseits erhobenen Universalitätsanspruch sind sie in der Tat unvereinbar. Zugleich aber sind sie – auf Grund ihrer Doktrinen – imstande, bis zu einem gewissen Grade die Fehler des jeweils *anderen* Systems, aber nicht die des *eigenen*, zu erkennen und zu attackieren. Durch die damit entstehende Verunsicherung wächst aber nur der Expansionswille auf beiden Seiten. Aus diesem Grunde sind die Ansätze zur Korrektur »von innen« – im Sinne demokratischer und liberaler Kritik in den Ländern des »real existierenden Sozialismus« – im Sinne größerer sozialer Gerechtigkeit und Gleichberechtigung in den westlichen Ländern in gleicher Weise berechtigt, auch wenn sich deren Exponenten häufig gegenseitig mißverstehen. In der Rücksichtslosigkeit gegenüber der Natur, die fast durchweg nur als »Ausbeutungsobjekt« verstanden wird, gleichen sie sich allerdings fast aufs Haar.

Da die ökologische Katastrophe wie der aggressive Universalismus politischer und sozialer Doktrinen von Europa ausgegangen ist (auch wenn die Europäer jetzt beginnen sollten, »weise« zu werden), stellt die Selbstkritik und Selbstkorrektur dieser europäischen Zivilisation eine der ersten Voraussetzungen für die Überwindung der Gefahr dar. Ansätze dazu habe ich – im Anschluß an Walter Benjamin und die anderen Frankfurter – in meiner Schrift *Überlebensbedingungen der Menschheit* (München 1980) formuliert.

Während meine »professionelle« Arbeit in erster Linie der Geschichte der politischen Philosophie und der Arbeiterbewegung galt, waren kleinere Arbeiten auf der einen Seite Fragen der Alltagsmoral und der Kulturkritik, auf der anderen Seite der satirischen Beleuchtung zeitgenössischer Phänomene gewidmet. Satiren, so lautet deren Charakterisierung seit je, sind Äußerungen von Moralisten. Sie sind nur der Form nach von moralischen und kulturkritischen Reflexionen unterschieden. Durch Übertreibung, ironische Anpreisung und andere »unernste« Stilmittel suchen sie das Fragwürdige, Verkehrte, Widersinnige von Haltungen und Institutionen herauszuarbeiten. Seit ich überhaupt publizistisch tätig bin, habe ich auch Satiren entworfen. Veröffentlicht habe ich freilich erst 1973 erstmals einen Band mit satirisch modifizierten (zum Teil auch nur spielerisch umgeschriebenen) Märchen (*Wer hat Dornröschen wachgeküßt? Das Märchenverwirrbuch*, Düsseldorf 1973). Anlaß war die humorlos orthodoxe Deutungssucht mancher Psychoanalytiker und Marxisten, die an der Vieldeutigkeit von Märchen ganz besonders leicht sich auslassen kann. Eine Sammlung schärferer Analysen ist erschienen unter dem Titel *Der Nulltarif der Wichtelmänner. Märchen und andere Verwirrspiele* (Düsseldorf 1982). Es sind nicht immer die gleichen Phänomene, die der Satiriker dort, der Moralist hier untersucht, aber der Leser wird doch in vielen Fällen die Verwandtschaft der Problematik erkennen. Diese »Arbeitsteilung« ist keineswegs von vornherein geplant oder beabsichtigt gewesen.

Sowohl die kleinen hier zusammengefaßten Arbeiten als auch die Satiren verdanken ihren Ursprung meist spontanen Einfällen oder zufälligen äußeren Anlässen. Erst im Rückblick stellt sich eine gewisse »Einheit der Sicht« heraus, die freilich eine Entwicklung und eine Akzentverschiebung im Laufe der Zeit nicht ausschließt.

Viggiona, Sommer 1982 *Iring Fetscher*

Der Spieler und sein Gegenüber

Wenn man einen Spielsaal betritt, in dem die Menschen eine merkwürdig handgreifliche Art von »Glück« suchen, staunt man, nachdem einem erst einmal der Sinn der geheimnisvollen Rufe und Gesten aufgegangen ist, über nichts so sehr wie über die grenzenlose Einsamkeit, die sich in den regungslosen Gesichtern und Mienen der Spieler spiegelt. Dieses Spiel ist kein Spiel »miteinander«, das begreift man schnell. Kaum, daß Gewinn und Verlust des Nachbars registriert werden; haben sie doch scheinbar keinen kausalen Zusammenhang mit dem eigenen »Glück«. Aber auch die rollende Kugel und das sich drehende Rad des Roulette verfolgt kein wachsames Auge. Schweigsam und scheinbar teilnahmslos sitzen sie da und lauschen auf die Verkündigung des Ergebnisses durch den Croupier: »Acht, manque, pair, noir« – und sie notieren es in ihren vorbereiteten Notizbüchern, um weiter – die Gesetze der Wahrscheinlichkeitsrechnung beachtend – ihr Spiel zu machen.

Es hat etwas Unheimliches, solch eine Gruppe von Einzelgängern in Frack und Smoking zu sehen. Selbst wer mit Freunden zusammen hergekommen ist, bleibt bald ganz allein, allein mit seinen Gedanken, die unablässig rechnend das Glück, den Zufall, das Fatum umkreisen. Ein trauriger Ernst spricht aus aller Augen, und selbst der unerwartete Gewinn – doch wann wäre hier ein Gewinn schon unerwartet? – vermag den Gesichtern kein Lächeln abzugewinnen.

Mit wem spielen diese Menschen? Diese Frage drängt sich dem Besucher unwillkürlich auf. Spielen sie mit den Croupiers, denen sie dann und wann einen gewissen Anteil an ihren Gewinnen zukommen lassen, wenn sie schon nicht miteinander spielen? Aber auch das tun sie nicht. Ohne Mienenspiel werden diese kleinen Geschenke gegeben und genommen. Formelhaft sind Übereignung und Dank. Eher ist es eine Art sakralen Opfers, das der vom Glück Begün-

stigte darbringt, um sich »Fortunam« gnädig zu erhalten, und weil auch der Beschenkte um den Sinn solchen Opfers weiß, ist er der menschlichen Dankbarkeit überhoben.
Der eigentliche »Partner« dieser einsamen Spieler ist kein anderer als »das Glück selbst« – das Glück in seiner formalsten Erscheinungsweise: dem reinen Zufall. Um mit ihm »spielen« zu können, muß man das Zufallsglück freilich zu einer Art Person hypostasieren. Das unsichtbare Gegenüber jedes einzelnen Spielers ist diese Pseudoperson des Glücks. Das personale Gegenüber bestimmt, verändert und enthüllt unsere eigenen Seinsmöglichkeiten, es ist ein Spiegel, mit dessen Hilfe wir uns selbst erkennen. Aber diese Erkenntnis ist nichts bloß »Hinzukommendes«, sie macht vielmehr das Sein des Menschen selbst aus. Indem es uns zur Selbsterkenntnis hilft, verändert also das Gegenüber uns selbst. Durch seine Partnerschaft mit der formalen Schicksalsmacht des Zufalls wird der Spieler selbst auf eine formale, blasse, schemenhafte Existenz herabgesetzt.
Wie kommt es aber, daß sich Menschen von einem so unmenschlichen, abstrakten Gegenüber faszinieren lassen? Oder enthält das Wort »faszinieren« schon die Antwort auf diese Frage? Es kommt ja vom lateinischen »fascinare«: behexen! Nicht die Spieler spielten dann mit dem »Glück« – das Glück spielte mit ihnen! All ihr Tun aber: das fleißige Nachschreiben, das ständige Berechnen von Chancen, die gewagtesten Hypothesen über Serien und Reihen – alles das wären dann Versuche, das abgründige Wesen dieser Schicksalsmacht zu ergründen, hinter die »Geheimnisse« dieses merkwürdigen Partners zu kommen. Was erwarten sie also von ihm?
Um zu leben, bedürfen die Menschen der »Bestätigung«, der Bejahung, der Anerkennung ihres Daseins durch andere Menschen oder durch sonst ein Gegenüber. Diese Anerkennung und Bestätigung erwartet der Glücksspieler von der dunklen Macht des Zufalls. Es ist eine Art Probe auf seinen eigenen Wert, die er im Spiel unternimmt. Vielleicht ist auch

von daher die grenzenlose Verzweiflung derer zu verstehen, denen die Mittel zur Fortsetzung dieser Probe, von der sie einzig Daseinsbestätigung und Sinnerfüllung erwarten, ausgegangen sind. Nicht der finanzielle Ruin und das Mitleid mit der Not der Angehörigen treibt den bankrotten Spieler in den Tod, sondern der Verlust des bestätigenden und tragenden »Du«, das er ständig suchte und doch nie finden konnte, weil sein Partner ein bloßes Schemen war.

Bezeichnet man als »dämonisch« solche Mächte, die in übermenschlichen Funktionen untermenschliche Verhaltensweisen zeigen, so ist die reine Zufallsmacht, mit der es der Spieler zu tun hat, etwas schlechthin Dämonisches. Wie der Gläubige von Gott, so erwartet der Spieler von der Zufallsmacht Bejahung, Bestätigung, Anerkennung – ja letztlich Erlösung; aber seine Sehnsucht bleibt notwendig unerfüllt. Seine angebliche Unersättlichkeit ist nicht nackte Geldgier, sondern die notwendige Folge des ständigen Unbefriedigtseins dessen, der seine Erlösung von einer untermenschlichen Macht erhofft. Wohl vermag der Zufall des Spielglücks Reichtum zu bringen, unheimlich großes, erstaunliches »Glück«, aber solches Glück vermag nicht eigentlich zu *be*glücken, weil es von einer Macht kommt, deren Fühllosigkeit und Blindheit wir kennen. So vermag denn der echte Spieler auch kaum dankbar zu sein; denn Dankbarkeit setzt irgendein »gesinntes« Gegenüber voraus, und auch seine Hoffnung verliert allen menschlich-sinnvollen Bezug und degeneriert so zu einem durch nichts gerechtfertigten Aberglauben.

Wie der Glaube an das Du im Mitmenschen nicht zu bestehen vermag ohne die Gewißheit des göttlichen Du, so muß die Hoffnung auf ein echtes Du in der Zufallsmacht des Spielglücks zunichte werden, weil hinter ihr weder ein göttliches noch ein menschliches Du steht. Die Art und Weise, wie jener ihn »anredet«, wie er ihm entgegentritt, gestattet es Gott einfach nicht, dem Spieler in und hinter der Schicksalsmacht zu erscheinen, weil der Spieler es gar nicht mit Gott zu tun haben *will*, sondern mit einem manipulierbaren Dämon. Das nämlich ist das zweite Merkmal aller Dämonie, daß ein Übermenschliches dem Menschen dienstbar gemacht werden soll.

Wie die bloß sinnliche Liebe zu Enttäuschung und seelischer Not führt, so ist auch die »Gottsuche« des Spielers ein Symbol für das notwendige Scheitern der Existenz des areligiösen und inhumanen Menschen. Verfallen an den völlig irrationalen Zufallserfolg als Zeichen eigenen Wertes und des Sinnes des eigenen Daseins, begibt sich der Spieler in jenen Teufelskreis der »schlechten Unendlichkeit«, von dem Hegel so häufig spricht. Was aber kann es Schlimmeres geben als in alle Ewigkeit scheiterndes Suchen nach Erlösung und Glück? Seltsames Schauspiel, wenn sich der »Ernst des Lebens« scheinbar ins Spiel des Glücks verwandelt, in Wahrheit aber das Leben verspielt und das Spiel zu tödlichem Ernst gemacht wird.

Zusatz 1983: Konzentriert präsentiert das von isolierten Individuen unternommene Glücksspiel das Leben von Menschen in einer anonymen kapitalistischen Gesellschaft. Einer Gesellschaft, die – der Tendenz nach – alle ihre Mitglieder auf die abstrakten Eigenschaften, Produzenten und Konsumenten von Waren (d. h. Werten) zu sein, reduziert. Das Glücksspiel simuliert die irrationale, schicksalhafte Seite jener Gesellschaftsordnung und soll doch – paradoxerweise – zugleich für Mißerfolge im »realen Alltag« entschädigen. Glücksspieler fliehen vor der einen Irrationalität in die andre.

Zur Dialektik von Anarchismus und Unterdrückung

Es fehlt nicht an Betrachtungen über jene verhängnisvolle Dialektik, welche bewirkt, daß die überzeugten Gegner der Gewaltanwendung zu den schrecklichsten Verfechtern des Terrors werden und daß ganz allgemein alle diejenigen, welche die Welt in ein Paradies zu verwandeln suchen, dazu beitragen, sie in eine Hölle zu transformieren. Der Aufweis jener Dialektik wäre freilich überzeugender, wenn er nicht allzu häufig zur Apologie bestehender, ungerechter und geistloser Herrschaftssysteme mißbraucht würde[1] und wenn nicht verkehrterweise aus der Gefährlichkeit radikaler Umsturzversuche die Ablehnung jedes Versuchs zur Veränderung des Status quo, jedes Strebens nach Verbesserung der politischen und sozialen Verhältnisse gefolgert würde. Von solcher Absicht weiß ich mich bei den folgenden Überlegungen und Beobachtungen völlig frei. Es kommt mir nicht darauf an, den ohnehin vielfach verleumdeten Anarchismus zu diskreditieren und damit den Bien pensants ein Argument mehr zu liefern. Vielmehr möchte ich auf eine merkwürdige Ambivalenz und eine tiefe Tragik verweisen, die noch die sanftesten und ehrlichsten unter den sozialen Revolutionären zu Anwälten der Gewaltanwendung macht, und zwar nicht erst im Verlauf der praktischen Durchführung, sondern bereits in ihrer Theorie selbst.
Ich möchte die erwähnte »Dialektik« an vier Beispielen illustrieren: an den anarchischen Theorien *William Godwins*, *Pierre-Joseph Proudhons*, *Michael Bakunins* und *Peter Kropotkins*. Sie wird nicht bei allen in gleicher Klarheit hervortreten, aber doch in irgendeiner Gestalt bei jedem dieser Denker sichtbar werden.

1. William Godwin (1756–1836) gehört zu den anziehendsten und liebenswürdigsten unter den Theoretikern des

Anarchismus. Sein Vorwurf gegen den existierenden Staat, die herrschende Rechtsordnung und das Privateigentum beruht auf der These, daß sie die Entfaltung der individuellen Vernunft in jedem Bürger verhinderten. Durch die Inhibierung der Vernunftentfaltung aber werde jene Unmündigkeit erst erzeugt, auf deren Existenz sich die Apologeten der Macht und des Privateigentums zu berufen pflegten. Die Besitzlosen verfügten nicht über die notwendige Muße, die Reichen würden von ihren dem Gemeinwohl entgegenstehenden Interessen an der Erkenntnis der vernünftigen Lösung sozialer Probleme gehindert, und so könne die Politik nicht zu einer rationalen Wissenschaft werden. Dieses Verdikt gilt nach Godwin für jedes Herrschaftssystem, mag es nun monarchisch, aristokratisch oder demokratisch organisiert sein. Denn auch in der Demokratie würden die Bürger korrumpiert: die Wähler durch Wahlversprechen und Wahlgeschenke, die Abgeordneten durch ihr vom Interesse der Wähler abweichendes Eigeninteresse und durch die Parteidisziplin, die sie der Verantwortung enthebe. Aus all diesen Gründen müsse der »philosophische Mensch« gegen die politische Macht in jeder Form Widerstand leisten, aber nicht gewaltsam, sondern in der Form eines Appells an die Vernunft und durch radikale Kritik. Eine Eigentümlichkeit Godwins ist übrigens, daß er nicht nur die »äußeren Fesseln« der Vernunftentfaltung: Staat, Gesetze und Privateigentum, sondern auch die inneren: Gefühle der Freundschaft, der Zusammengehörigkeit, als »Fesseln der Entfaltung der Vernunft« verwirft.
Die Frage nach den Mitteln der Veränderung der bestehenden Ordnung und der Heraufführung einer anarchischen Gemeinschaft, in der jeder sich nur von seiner voll entfalteten Vernunft leiten läßt und gerade dadurch in Harmonie und Eintracht mit den Mitmenschen lebt, beantwortet Godwin zunächst mit dem bereits erwähnten Hinweis auf die aufklärende Tätigkeit der »Philosophen«. Bei weiterem Nachdenken anerkennt er dann jedoch die – wenigstens

einstweilige – Notwendigkeit von Zwang auf dem Gebiet der Erziehung, die in kleinen, überschaubaren Gemeinden mit höchster Intensität erfolgen solle. Und genau an dieser Stelle erfolgt der verhängnisvolle Umschlag. Zumal Godwin, um die Erzieher nicht als einen besonderen »Berufsstand« von der übrigen Bevölkerung abzusondern, »jeden durch jeden, der ihm begegnet«, erziehen möchte, und er damit zu der These kommt:

»Jeder wird die Aufgabe haben, das Verhalten und die Gedanken seiner Nachbarn zu überwachen und ihre Irrtümer zu korrigieren und anzugeben [...].«

Denn »der weise und anständige Mensch, der Freund seines Volkes und seines Geschlechtes ist an allem, was sie angeht, interessiert; und er trägt mit sich ein Diplom, das ihn zum *Generalinquisitor des moralischen Verhaltens seiner Nachbarn* macht und ihm die Pflicht auferlegt, sie zur Tugend zurückzurufen mit allen Lektionen, die die Wahrheit ihm erlaubt und durch jene Züchtigung, die die offene Zur-Rede-Stellung darstellt.«[2]

Was dem liberalen Individualismus eines John Stewart Mill sechzig Jahre später als das bedenklichste Kennzeichen der heraufziehenden Tyrannei der Public opinion erscheint, wird hier von dem der Intention nach mindestens ebenso individualistischen Anarchisten Godwin in aller Seelenruhe als wünschenswert gepriesen. Offenbar, weil er sich den geschilderten Zustand, in dem jeder sich zum »Generalinquisitor des moralischen Verhaltens seiner Nachbarn« macht, gar nicht konkret vorzustellen vermag. Während er noch wenige Seiten zuvor die Vergewaltigung der Minoritäten durch demokratische Mehrheiten beklagt hat, verkennt er die Tatsache, daß eine allgemeine moralische Inquisition notwendig zur Terrorisierung der von den durchschnittlichen Verhaltensnormen Abweichenden führen müßte. So groß war sein Vertrauen in die Vernunft, daß er unterstellte, dieser sittliche Terror werde nur in unvermeidlichen Fällen und auch dann stets mit Mäßigung und Toleranz ausgeübt werden.

Im Grunde ist aber das Denkschema, das diesem verhängnisvollen Umschlag von anarchischem Freiheitsstreben in Rechtfertigung des terrorisierenden Druckes der moralisierenden Individuen zugrunde liegt, noch bis zum heutigen Tage das gleiche geblieben: Auch das neue sowjetische Parteiprogramm geht von der Vorstellung aus, daß die restlose Befreiung der Einzelnen in der klassen- und herrschaftslosen Gesellschaft des Vollkommunismus durch eine intensive *Moralisierung* vorbereitet werden müsse, die sich der Betriebs- und Kameradschaftsgerichte, der Volks-Družinen (freiwillige Hilfspolizeiorgane) und anderer Kollektive bedient, die sich ganz im Sinne Godwins als Generalinquisitoren des moralischen Verhaltens der Sowjetmenschen verstehen.

Der Gedanke ist nicht ganz von der Hand zu weisen, daß die schon bei Engels und Lenin unzulänglich präzisierte Abhebung des kommunistischen Zukunftsideals vom anarchistischen mit dieser perfekten Parallelität der beiden Denkmodelle zusammenhängt. Eine historisch-soziologische Theorie, die sich damit begnügen würde, *bestimmte Formen* politischer Herrschaft für eliminierbar zu halten, weil sie der Aufrechterhaltung irrational gewordener Privilegien und Monopole dient, wäre weit weniger in Gefahr, jener verhängnisvollen Dialektik zu erliegen, als jener dogmatische Marxismus, wie ihn Stalin und seine sowjetischen Nachfolger vertreten.

2. Das Denken Pierre-Joseph Proudhons (1809–65) hat im Laufe seines Lebens erhebliche Änderungen durchgemacht. Im folgenden will ich mich auf die im Juli 1851 erschienene Schrift *Idée générale de la Révolution au XIXe siècle* beschränken, in der meines Erachtens seine anarchistischen Theorien am klarsten und überzeugendsten vorgetragen werden. In dieser Schrift, in der Proudhon mit unerbittlicher Schärfe das Prinzip des zentralistischen Staates in seinen monarchischen wie in seinen demokratischen (vor allem

jakobinischen) Ausprägungen kritisiert und der Autorität außerhalb des (für ihre Ausübung legitimen) Gebietes der innerfamiliären Relationen den Kampf ansagt, kommt er im siebten Abschnitt endlich dazu, die »dissolution du Gouvernement dans l'organisme économique« zu entwickeln. Der theoretischen Rechtfertigung der Herrschaft durch die Lehre von der »perversité originelle de la nature humaine«, durch die Behauptung der »inégalité essentielle des conditions« und des dauernden Antagonismus und Krieges sowie der Schicksalhaftigkeit der Armut setzt er hier antithetisch die Doktrin von der »perfectibilité indéfinie de l'individu et de l'espèce«, der »honorabilité du travail«, der Gleichheit der Schicksale und der Identität der Interessen sowie der Souveränität der Vernunft entgegen und folgert daraus die »liberté absolue de l'homme et du citoyen«.[3] Im Unterschied zu Godwin vertraut dabei Proudhon nicht allein auf die Kraft der Vernunft und rationaler Argumente, sondern glaubt sich auch auf eine geschichtsphilosophische These stützen zu können, die er – ähnlich wie Marx – aus der Beobachtung der jüngsten Vergangenheit herausliest.

Proudhons geschichtsphilosophischer Glaube besteht in der Annahme einer »Kollektivvernunft«, die durch die Erfahrung der (einseitigen) Anwendung der verschiedenen ökonomischen Kategorien hindurch sich entwickelt. Von den (ökonomischen, sozialen, politischen usw.) Ideen schreibt er in seinem Hauptwerk, daß sie »nacheinander die Leitung der Dinge übernehmen und den ersten Rang behaupten«.[4] Dieser Gedanke erscheint weniger verstiegen, wenn man Proudhons Erklärung hinzunimmt, daß die Menschen es nacheinander mit diesen verschiedenen Ideen versuchen, bis sie jeweils *im Scheitern* die Einseitigkeit und Hinfälligkeit dieser verabsolutierten Kategorie *erfahren*. Der menschliche Kollektivgeist unterscheide sich eben dadurch vom göttlichen (der eine für Proudhon irreale Hypothese ist), daß er nicht auf einmal und intuitiv, sondern lediglich nach und nach dazu befähigt werde, die vernünftige Ordnung der

Dinge zu erfassen und die menschlichen Verhältnisse ihr entsprechend zu gestalten.
Man kennt die Prinzipien, auf denen Proudhon eine freiwillige, herrschaftslose Ordnung der Menschen aufbauen wollte: freie Vertragsschlüsse, Gegenseitigkeit aller Beziehungen, Selbständigkeit der Gemeinden und Provinzen, Abschaffung des Erbrechts usw. Aber bei aller Ablehnung der Gewalt gelangt doch auch Proudhon an den Punkt, an dem seine sanften Wünsche sich in kriegerische Forderungen verwandeln, nämlich dort, wo er erklärt, daß die Revolution in weltweitem Maßstab siegen müsse: »Elle périrait, si elle ne se rendait universelle«.[5] Wenn es freilich dann einmal so weit sei, werde es nicht einmal mehr ein Völkerrecht zu geben brauchen, weil wirtschaftliche Vereinbarungen (»conventions commerciales«!) an dessen Stelle treten könnten. Mit der ökonomischen Veränderung werde Nationalismus und Konkurrenz der Völker untereinander verschwinden und mit ihnen die wesentlichen Ursachen der Konflikte. Die jetzt noch zu führenden Kriege aber »könnten nur *die Ablehnung der Abrüstung* zum Motiv haben«.[6] Mit anderen Worten: Bereits die Weigerung abzurüsten, wird hier zu einem – ja *dem* – legitimen Kriegsgrund gemacht. Der Gegner wird zum absoluten Feind und der Krieg kann entsprechend radikale Formen annehmen.[7] Aber nicht nur die zwischenstaatlichen Beziehungen werden nach dem Entwurf Proudhons auf dem Wege zur Errichtung der universellen Weltrepublik radikalisiert, auch die zwischen den Individuen bestehenden Relationen zeichnen sich in bestimmten Fällen durch brutale Härte aus. Zwar wird niemand gezwungen, dem »pacte social« beizutreten, und nur derjenige, der ausdrücklich beigetreten ist, unterliegt (kraft seiner Zustimmung) einer Art Volksgerichtsbarkeit; derjenige aber, der sich weigert, gehört damit der »société des sauvages« an und wird allein dadurch bereits »suspect [...]«, »nichts vermag ihn künftig zu beschützen«.[8] Spätestens bei dem Wort »suspect« hätte Proudhon eigentlich erschrecken

müssen, da es allzu deutlich an den Terreur Robespierres erinnert, den Proudhon zeit seines Lebens aufs schärfste verurteilt hat.

Der systematische Ort, an dem bei Proudhon der radikalisierte Zwang, die absolute Gewalt auftaucht, ist nicht exakt der gleiche wie im Denken Godwins. War es dort die generelle wechselseitige Bespitzelung eines jeden durch alle anderen, so hier die nackte Gewaltanwendung gegenüber denen, die sich dem freiwilligen Friedenspakt nicht anschließen wollen. Bei Godwin zeigten sich die illiberalen Konsequenzen *innerhalb* der neu zu konstituierenden Gemeinschaft allein von der Vernunft geleiteter Individuen, bei Proudhon *an den Grenzen* dieser Gemeinschaft nach »innen« (der absolute »Feind«, der sich von jedem Vertragsschluß fernhält) und »außen« (der Staat, welcher sich den Friedensbemühungen entzieht). In beiden Fällen aber folgt die Radikalisierung der Beziehungen nicht aus einem »Versehen«, sondern aus dem Streben der Theoretiker, eine möglichst vollkommene Freiheit möglichst rasch und möglichst überall zu verbreiten.

Die Tatsache, daß sich auch bei Proudhon jener verhängnisvolle Umschlag anarchischer Freiheitsaspirationen in die Forderung radikalen Zwanges vollzieht, ist um so erstaunlicher, als ja gerade er in seinem berühmten Brief an Karl Marx so nachdrücklich vor der Gefahr der Intoleranz und des Radikalismus gewarnt hat. Damals hatte er erklärt:

»Geben wir der Welt das Beispiel einer weisen und vorsichtigen Toleranz, aber hüten wir uns, weil wir an der Spitze der Bewegung stehen, uns zu Führern einer neuen Intoleranz aufzuwerfen: *Gebärden wir uns nicht als Apostel einer neuen Religion, selbst dann nicht, wenn diese Religion die Religion der Logik, die Religion der Vernunft wäre* [...]. Demzufolge dürfen wir nicht die revolutionäre Aktion als Mittel der Reform proklamieren, weil dieses angebliche Mittel ein Appell an die Gewalt, an die Willkür, kurz ein Widerspruch [zu unseren Prinzipien, I. F.] wäre.«[9]

Und doch entgeht auch Proudhon nicht jener Fatalität, die wir auch an Saint-Simon und Auguste Comte beobachten können, daß nämlich leidenschaftliche Kritiker jeder Religion am Ende dazu geführt werden, selbst religiöse Elemente in ihre Lehren einzuführen, auch wenn im Falle Proudhons nicht ein »neues Christentum« das Resultat ist. Das religiöse Element, in seiner Proudhonschen Erscheinungsform, ist die »idée de justice«, von der erklärt wird, daß sie »eine reale Sache – zugleich im Inneren der Seele und als Gesetz der Dinge« sei.[10] Sie stelle den »Übergangspunkt dar zwischen dem Reich des Sensiblen und des Intelligiblen, zwischen dem Realen und dem Idealen, den Begriffen der Metaphysik und den Wahrnehmungen der Erfahrung«.[11] Ja schließlich heißt es sogar von dieser überindividuellen und überempirischen Wesenheit: »Quand j'ai chassé tous ces mysticismes, je me retrouve aux prises avec un mysticisme plus grand, la justice, le mystère des mystères [...].«[12] Gewiß, das ist noch keine dogmatische neue Religion, aber doch die Verkündigung einer empirisch nicht mehr verifizierbaren »Wahrheit«, deren Nichtanerkennung in den Augen Proudhons einen Grund zu heftiger Verurteilung darstellen dürfte.

3. Weniger erstaunlich ist es, daß sich im anarchistischen Denken Michail Bakunins (1814–76) jener theoretische Ansatz zum Umschlag in Tyrannei findet, dessen Spuren wir nachgehen. Wiederum sitzt er an einer anderen Stelle im systematischen Zusammenhang der Lehre. Bakunin war bekanntlich wenig originell in bezug auf die Vorstellungen der künftigen herrschaftslosen Gesellschaft, die sich in seinen Werken findet. Hier ist er in vieler Hinsicht nur ein Epigone Proudhons und anderer. Charakteristisch für ihn ist dagegen die leidenschaftliche Ablehnung jeder zentralistischen und hierarchischen Organisation der Revolutionäre. In gewisser Weise stellt er geradezu einen antizipierten Gegentypus zu Lenin, dem Theoretiker der revolutionären

Organisation, dar. Bakunin hat den marxistischen Anspruch auf »Wissenschaftlichkeit«[13] bekämpft und in ihm – wie wir heute wissen, nicht ganz zu unrecht – die Potenzen einer künftigen Unterdrückung aufgespürt. Er hat die Vergewaltigung der Provinz und der Gemeinden durch eine politische (und sei es auch revolutionäre) Zentrale verurteilt und damit auf Jahrzehnte hinaus den revolutionären Bewegungen zum Beispiel Spaniens ihre – meist zum Scheitern führenden – Wege gewiesen. Manche seiner Warnungen aber scheinen von geradezu prophetischer Hellsichtigkeit. So schreibt er zum Beispiel in seinem Brief an die Zeitung *Liberté:* »Sobald [...] das Absolute nicht existiert, kann es für die Internationale kein unfehlbares Dogma geben, folglich keine offizielle politische oder ökonomische Theorie, und *unsere Kongresse dürfen nie die Rolle allgemeiner Kirchenversammlungen* beanspruchen, *welche für alle Anhänger und Gläubige obligatorische Prinzipien verkündigen.*«[14] Bakunin glaubte an die revolutionären Instinkte in den Massen der bäuerlichen, handwerklichen und proletarischen Bevölkerung. Er hielt jede »wissenschaftliche« Aufklärung dieser Massen für sinnlos und setzte auf den naturhaften Drang und die instinktive Abneigung gegenüber dem kapitalistischen System und dem politischen Despotismus. So sehr sich aber Bakunin auf diese gleichsam naturgegebenen Kräfte glaubte verlassen zu können, so aktiv war er doch auf der anderen Seite, um dafür zu sorgen, daß sie »in die richtigen Bahnen gelenkt würden«. Immer wieder versucht er eine enge und geheime internationale Gemeinschaft von Verschwörern (»Intimité révolutionnaire«, »fraternité internationale« usw.) zu stiften, deren Aufgabe es sein sollte, die spontanen Volksbewegungen zu leiten und zu koordinieren. Es ging ihm darum, »ein geheimes Zusammenwirken dieser Männer zu organisieren, durch welches beginnenden Volksbewegungen eine revolutionäre Richtung gegeben werden sollte, die Bewegung durch gleichzeitige Bewegungen in anderen Ländern unterstützt würde und so [...] *eine unsichtbare, unpersön-*

liche [daher dem Ehrgeiz keinen Spielraum gebende, I. F.] *revolutionäre Diktatur* geschaffen würde, die ein Zersplittern, ein Abirren, eine Vereinzelung der revolutionären Kräfte verhindern würde.«[15] Und noch etwas deutlicher erklärt er an anderer Stelle: »Wir müssen die Anarchie hervorrufen und *als unsichtbare Lenker* inmitten des Sturmes müssen wir *das Volk führen*, nicht mit Hilfe einer sichtbaren Gewalt, sondern durch die *kollektive Diktatur der Alliierten*, eine Diktatur ohne Uniform, ohne Titel, ohne offizielles Recht, die dadurch nur um so mächtiger wird, daß ihr jeder Anschein der Macht fehlen wird [...]. Aber damit sie wirken könne, ist es nötig, daß sie bestehe, und deshalb muß man sie schon im vorhinein vorbereiten und organisieren, weil sie nicht von selbst entstehen wird.«[16] Bakunin hat den Gedanken dieser internationalen Verschwörer-Elite, für deren innere Struktur er so wenig wie Lenin bis zum Jahre 1905 eine demokratische Kontrolle vorsah, in einem Entwurf aus dem Jahre 1866 bis ins Detail ausgearbeitet. Dort unterscheidet er eine »internationale Familie«, der Frères honoraires und Frères actives angehören sollten, und vom »internationalen Zentralrat« *gegründete* (!) »nationale Familien«, die er der Leitung einer »nationalen Junta« unterstellen möchte. Für die Zeit bis zur Konstituierung dieser Organe sah Bakunin außerdem die Einrichtung einer »provisorischen Zentraljunta« vor. Die Tätigkeit dieser straff zentralistisch und elitär konzipierten Organe sollte erst an dem Tage zu bestehen aufhören, »an welchem der *Sieg ihrer Grundsätze auf der ganzen Erde* ihrer Existenzberechtigung ein Ende machen« würde.[17] Die Parallele zur sowjet-marxistischen Lehre vom »Absterben des Staates« und der Partei in ihren jüngsten Ausprägungen liegt auf der Hand. In beiden Fällen wird die Aufrechterhaltung der Minderheitsherrschaft im Namen des historischen Fortschritts bis zum Sieg des revolutionären Prinzips in weltweitem Maßstab gerechtfertigt. Ähnlich wie bei Proudhon wird der Widerstand, der von außen der Durchsetzung des anar-

chistischen Gedankens entgegengesetzt wird, zum Anlaß für die Wendung zum intoleranten Radikalismus.
Diese Wendung nimmt bei Bakunin insofern weniger wunder als die entsprechende Erscheinung bei Godwin und Proudhon, weil – wie Marx mit Recht bemerkt hat – Bakunin den leidenschaftlichen *revolutionären Willen* an die Stelle der geduldigen Erforschung der sozialen und politischen Bedingungen einer politisch-sozialen Umwälzung setzt[18] und bei allem Zutrauen zu den »irrationalen« und »vitalen« Kräften in der »Volksseele« doch die Bewegung mit Hilfe seiner ergebenen Anhänger in der Hand zu behalten wünscht. So groß immer der Unterschied, ja der Gegensatz zwischen Godwin und Bakunin ist: während Godwin *nur* im Appell an die vernünftige Einsicht ein legitimes Mittel der Vorbereitung der sozialen und politischen Umwälzung erblickt, lehnt Bakunin zumindest die wissenschaftliche Theorie als Instrument der Revolution ab; während der eine den Menschen für ein im Grunde rationales Wesen ansieht, setzt der andere gerade auf die irrationalen Leidenschaften – beide werden doch durch die Konsequenz ihrer Gedanken wider Willen zu höchst illiberalen Forderungen gebracht. Dabei ist noch nicht einmal ausgemacht, daß die revolutionäre Diktatur der Bakuninschen Fraternité unerträglicher sein würde als die wechselseitige Bespitzelung der zu Generalinquisitoren ernannten Individuen bei Godwin.

4. Wenn man heute die anarchistische Theorie Peter Kropotkins (1842–1921) liest, wird man bei ihm – ähnlich wie bei Proudhon und Bakunin – viele kritische Bemerkungen finden, die wie eine vorweggenommene Verurteilung des stalinistischen Regimes klingen. Der Gedanke an die Diktatur einer die Revolution vorantreibenden Partei wird von ihm zum Beispiel als »nichts als eine ungesunde Frucht des Regierungsfetischismus [...]« bezeichnet, denn *»jede*, auch die bestgemeinte *Diktatur* sei *der Tod der Revolution«*.[19] Es dürfe keine »revolutionäre Regierung« geben, denn »jede

Regierung, zu der ein aufständisches Volk [...] gelangt, müsse notwendig ein Bleigewicht an seinen Füßen sein, zumal bei einer so ungeheuren ökonomischen, politischen und moralischen Neugestaltung wie der sozialen Revolution«.[20] Eine Minderheitsdiktatur im Namen des Volkes lehnte Kropotkin übrigens aus ähnlichen Gründen ab wie Rosa Luxemburg, die bekanntlich Lenins »Partei neuen Typs« schon 1904 in der *Neuen Zeit* scharf verurteilt hat. Beide glauben an die schöpferische Kraft der revolutionären »Massen«, und Kropotkin erklärt ganz im Sinne Rosa Luxemburgs: »Daß man die Arbeiter abhält [...], neue, ihnen zusagende Lebensformen zu finden, diese Tatsache ist in unseren Augen ein kolossaler, fast an Verbrechen streifender, historischer Fehler.«[21]

Kropotkins »anarchischer Kommunismus«, der in den ersten Jahren nach der Oktoberrevolution auch in der Sowjetunion noch zahlreiche Anhänger besaß, steht aber auch im schärfsten Gegensatz zu einer Übernahme der Verwaltung der Produktionsmittel durch den »sozialistischen Staat«. Denn dieser Staat – so erkennt Kropotkin – würde doch praktisch nur repräsentiert werden durch Funktionäre, die sich früher oder später in »unerträgliche Gebieter« verwandeln müßten. Trotz dieser kritischen Einsichten findet sich aber selbst bei Kropotkin eine Rechtfertigung der Gewalt, wie man sie konsequenter sich nicht wünschen könnte: »Ja, wir haben das Recht zu töten, weil jeder, der ein Herz im Leibe hat, verlangt, daß man ihn töte, wenn er zur Viper werden sollte, daß man ihm einen Dolch in die Brust stoße, wenn er je den Platz eines entthronten Tyrannen einnehmen möchte.«[22] Das ist nicht viel anderes als eine Umschreibung der Hegelschen Strafrechtstheorie, derzufolge der Verbrecher ein *Recht* darauf hat, (gegebenenfalls mit dem Tode) bestraft zu werden, weil er als sittlich-vernünftige Person im Grunde gar nichts anderes wollen kann als die Aufrechterhaltung bzw. Wiederherstellung der von ihm verletzten allgemeinen und vernünftigen Ordnung.

Kropotkin knüpft diesen Gedanken lediglich an die Konstruktion eines supponierten vorausgehenden Vertrages, durch den sich jedes anarchistische Gesellschaftsglied für den Fall, daß es schuldig werden sollte, im vorhinein mit der Todesstrafe einverstanden erklärt.

Fragen wir uns abschließend, wo die Ursachen dieses merkwürdigen und beunruhigenden Phänomens des Umschlagens radikaler Freiheitsforderungen in Apologien des Terrors liegen können. Im Bewußtsein ihrer Vorläufigkeit möchte ich zwei mögliche Antworten skizzieren:
(1) Auch wenn die Anarchisten im allgemeinen von der Güte der menschlichen Natur überzeugt sind und alle Übel ihrer Zeit auf die politischen und sozialen Institutionen zurückführen, können sie sich auf der anderen Seite doch konkret immer nur Menschen vorstellen, die die ihnen aus der zeitgenössischen Gesellschaft bekannten Züge tragen. Aus diesem Grunde gibt Godwin seinen in der herrschaftslosen Welt lebenden Individuen zu ihrer frei entfalteten Vernunft vorsichtshalber doch noch eine große Anzahl von »Inquisitoren« bei, verläßt sich Proudhon nicht auf das anziehende Beispiel der bereits errichteten anarchischen Gemeinschaften, sondern erklärt den »Draußenstehenden« den Vernichtungskrieg und will Bakunin, trotz allen Zutrauens zum revolutionären Instinkt der Bevölkerung, die Bewegung von einer leitenden Elite dirigieren lassen. Die Art »Güte«, die von den verschiedenen Theoretikern des Anarchismus dabei vorausgesetzt wird, ist freilich nicht dieselbe: bei Godwin eine frei entfaltete Vernunft, bei Proudhon eine Art natürlichen Gerechtigkeitssinns, bei Bakunin instinktive Gegnerschaft gegen Unterdrückung und Ausbeutung und bei Kropotkin wiederum Gerechtigkeit, jetzt in einer egalitären und kollektivistischen Ausprägung, nicht wie bei Proudhon in einer individualistischen. Das heißt, in jedem Falle ist nur *ein* wesentlicher Aspekt menschlicher Vollkommenheit hervorgehoben, so daß es fraglich bleibt, ob andere Aspekte mit

gleicher Bestimmtheit als vorhanden angenommen werden können. Aber letztlich kommt es darauf nicht so sehr an; viel wichtiger ist, daß die anarchistischen Theoretiker – ähnlich wie die Aufklärer des 18. Jahrhunderts – im Unterschied zu Marx die individuellen Eigenschaften abstrakt, ahistorisch und von den sozialen Institutionen unabhängig unterstellen, während sie doch in der Tat aufs engste mit ihnen verknüpft sind. Marx hat das Dilemma, welches sich aus dieser Beeinflußtheit der Individuen durch die sozialen und politischen Institutionen ergibt, in der dritten Feuerbach-These klassisch formuliert:

»Die materialistische Lehre von der Veränderung der Umstände vergißt, daß die Umstände von Menschen verändert und der Erzieher selbst erzogen werden muß. Sie muß daher die Gesellschaft in zwei Teile – von denen der eine über ihr erhaben ist – sondieren.«[23]

Dieser Satz enthält implicite eine Kritik an Bakunins elitärer Diktatur über die revolutionären Bewegungen, aber ebenso auch schon an Lenins »Partei neuen Typs« und der aus ihr hervorgewachsenen Diktatur über die Bevölkerung im Namen eines nicht-befragten Proletariats.

Wie aber sollen die unerzogenen Erzieher erzogen werden? Wer soll die unmenschlichen Umstände so umwandeln, daß sie menschlich werden, wenn in der existierenden Gesellschaft *alle* notwendig von deren Unmenschlichkeit geprägt sind? Marx glaubt hierauf eine Antwort zu wissen, während die oben behandelten Anarchisten noch nicht einmal das Problem zu sehen vermochten. In der dritten Feuerbach-These fährt Marx fort:

»Das Zusammenfallen des *Änderns der Umstände und* der menschlichen Tätigkeit oder *Selbstveränderung* kann *nur als revolutionäre Praxis* gefaßt und rationell verstanden werden.«[24]

In der Revolution – erklärt Marx an anderer Stelle – befreie sich das Proletariat zugleich von den Fesseln der kapitalistischen Gesellschaft und von dem »ganzen alten Dreck«, der ihm selbst anhaftet. Sie hat also eine doppelt befreiende Wirkung, indem sie zugleich die sozialen und politischen Institutionen und die von ihnen bisher geprägten Menschen verwandelt. Das ist vermutlich der Glaube, den jeder Revolutionär bewußt oder unbewußt hat, »rational« freilich kann man ihn nicht gut nennen, auch wenn eine hohe Bedeutung der revolutionären Tat für die Veränderung des Selbstbewußtseins der sie Vollziehenden kaum geleugnet werden kann. Auch wenn man die Marxsche These als richtig akzeptiert, bleibt noch die Frage offen, was geschieht, wenn nur eine Minorität aktiv an der revolutionären Aktion beteiligt ist. Ob dann diese Minderheit zur Erzieherin der übrigen Bevölkerung qualifiziert und zu ihrem Vormund bestellt werden kann, ohne daß der erhoffte Gewinn der Aktion dadurch wieder verlorengeht?

Die Theoretiker des Anarchismus bleiben noch unterhalb dieser von Marx gesehenen Problematik, indem sie entweder ahistorisch und idealistisch annehmen, »der Mensch« sei immer gut und werde lediglich durch die politischen Institutionen an der vollen Entfaltung seiner natürlichen Güte gehindert, oder aber er sei zwar gegenwärtig zumeist »böse«, aber zur Überwindung dieser Bosheit bedürfe es lediglich der – wie auch immer zu bewerkstelligenden – Beseitigung der autoritären Institutionen. Die zweite Annahme führt dann gradlinig zur Rechtfertigung von Minderheitsaktionen, Terror und Bevormundung der »Massen«, während der zitierte Marxsche Gedanke eindeutig eine Aktion der »überwältigenden Mehrheit im Interesse der Mehrheit« verlangt.

Erst nachdem die soeben skizzierte Problematik durchdacht und im Lichte der jüngsten anthropologischen Einsichten erprobt ist,[25] dürfte die weitergehende Frage ins Auge gefaßt werden, ob nicht überhaupt jeder Versuch zur Eliminierung von Herrschaft zum Scheitern verurteilt und die »Aufhebung von Politik« notwendig in eine radikale Politisierung und in politischen Radikalismus hineinführen müsse.

(2) Um jenen eingangs erwähnten Mißbrauch des Aufweises der »Dialektik des Anarchismus« zum Zwecke der Rechtfertigung eines reaktionären Status quo zu verhindern, scheint es mir sinnvoll, wenn zwischen notwendigen und entbehrlichen Formen der Ausübung von Macht durch Menschen über Menschen unterschieden wird, wobei die Grenze keineswegs ein für allemal feststeht, sondern historisch und von Land zu Land variabel ist. Wird von einer reformerischen oder auch revolutionären politischen Theorie lediglich die Beseitigung bestimmter, überholter, überflüssig gewordener Formen von Herrschaft angestrebt, dann vermindert sich die aufgezeigte Gefahr in zwiefacher Hinsicht: Einmal wird das *begrenzte* Ziel von vornherein auch nur den Einsatz *begrenzter Mittel* rechtfertigen und damit der extremen Radikalisierung weniger Vorschub leisten, zum anderen wird bei Fehlen des Gedankens einer prinzipiellen Eliminierbarkeit des »Politischen« auch die vorsichtige, Freiheitsräume respektierende Organisation der auf die Umwälzung drängenden Kräfte selbst wahrscheinlicher werden. Auch wenn Politik nicht in Herrschaft aufgeht und Max Webers Definition unter Umständen irreführt, kann doch nicht geleugnet werden, daß Politik *ohne* das Moment der Herrschaft nicht gedacht werden kann. Wo aber Herrschaft für prinzipiell eliminierbar gehalten wird, wird leicht die Limitierung der Herrschaft als »Nahziel« vernachlässigt; ihre Beschränkung aufs rationell zu rechtfertigende Maß bleibt die eigentliche Aufgabe einer liberalen und humanen Politik.

Anmerkungen

1 Das gilt zum Beispiel für die Arbeiten Carl Schmitts, dessen Anreger Donoso Cortés als konsequenter Vertreter einer konservativen Staatslehre ein gleichmäßiges Maß von »Unterdrükkung« als unabdingbare Voraussetzung menschlichen Zusam-

menlebens ansah und für die Gegenwart lediglich die Wahl zwischen der »Diktatur des Säbels« (von oben) und der »des Dolches« (von unten) zu sehen vermochte.

2 William Godwin, *Enquiry Concerning Political Justice* [...], Bd. 1, B. 2, Kap. 5.

3 Pierre-Joseph Proudhon, *Œuvres Complètes*, Bd. 1, ed. par Roger Picard, Paris 1923, S. 300.

4 Ebd., S. 114.

5 Ebd., S. 332.

6 Ebd., S. 337.

7 Auf diesen Zusammenhang von radikaler Verurteilung des Feindes und Radikalisierung des Krieges hat Carl Schmitt hingewiesen, nur daß die von ihm gebilligten reaktionären Bewegungen zwar irrationale (und daher nicht rational-universale), aber deshalb nicht weniger maßlose Ziele verfolgten als die verurteilten revolutionären.

8 Proudhon, *Œuvres Complètes*, Bd. 1, S. 345.

9 Zit. nach: »Vorwort« zu den *Erinnerungen eines Revolutionärs*, hrsg. von G. Salomon, München 1923, S. 33.

10 »De la Justice dans la Révolution et dans l'Eglise«, in: *Œuvres Complètes*, Bd. 8, T. 1, ed. par G. Guy-Grand [u. a.], Paris 1930, S. 82.

11 Zit. nach: Henri de Lubac, *Proudhon et le Christianisme*, Paris 1945, S. 295.

12 Ebd., S. 313.

13 »Marx verdirbt die Arbeiter, indem er aus ihnen Raisonneurs macht« (Michael Bakunin, *Sozialpolitischer Briefwechsel mit Herzen und Ogarev*, hrsg. von Michail Dragomanvov, Stuttgart 1895, S. 81.

14 Michael Bakunin, *Gesammelte Werke*, Bd. 3, Berlin 1924, S. 222.

15 Zit. nach: Fritz Brupbacher, *Marx und Bakunin*, München 1913, S. 40.

16 Zit. nach: Zoccoli, *Die Anarchie, ihre Verkünder, ihre Ideen, ihre Taten*, Amsterdam 1909, S. 123 ff.

17 Michael Bakunin, *Gesammelte Werke*, Bd. 3, S. 8.

18 Vgl. Karl Marx, »Konspekt von Bakunins Buch ›Staatlichkeit und Anarchie‹«, erstmals vollständig deutsch in Karl Marx / Friedrich Engels, *Werke*, Bd. 18, Berlin [Ost] 1962, S. 599–642. Dort sind besonders die folgenden kritischen Ausführungen

bemerkenswert: »Schülerhafte Eselei! Eine radikale soziale Revolution ist an gewisse historische Bedingungen der ökonomischen Entwicklung geknüpft; letztre sind ihre Voraussetzung. Sie ist also nur möglich, wo mit der kapitalistischen Produktion das industrielle Proletariat wenigstens eine bedeutende Stellung in der Volksmasse einnimmt [...]. Er [Bakunin, I. F.] will, daß die auf der ökonomischen Basis der kapitalistischen Produktion gegründete europäische soziale Revolution auf dem Niveau der russischen oder slawischen Agrikultur- und Hirtenvölker sich vollziehe, dieses Niveau nicht übertreffe [...]. *Der Wille*, nicht die ökonomischen Bedingungen, ist die Grundlage seiner sozialen Revolution« (S. 633 f.).

19 Peter A. Kropotkin, *Paroles d'un Révolté*, Paris 1885, S. 255 (deutsch: *Worte eines Rebellen*, Wien 1924). In der deutschen Ausgabe macht der Übersetzer Pierre Ramus die folgende Anmerkung: »Daß der Anarchismus niemals sich mit der marxistischen Formel einer sogenannten Diktatur des Proletariats identifiziert hat, beweist dieses Kapitel, das Kropotkin bereits 1882 geschrieben hat« (S. 172, Anm.). Und an einer anderen Stelle fügt Ramus den Worten seines Lehrers hinzu: »Das ist auch bei einer sogenannten Diktatur des Proletariats der Fall, die, dem Namen nach, das Proletariat befreit, in Wirklichkeit aber nur seinen Führern und Schmarotzerelementen die Herrschaft über das Proletariat wie die gesamte Gesellschaft in die Hände spielt« (Ebd., S. 173, Anm. 2).

20 Kropotkin, *Paroles d'un Révolté*, S. 253.

21 Peter A. Kropotkin, *Moderne Wissenschaft und Anarchismus*, Berlin 1904, S. 80.

22 Kropotkin, *Paroles d'un Révolté*, S. 253.

23 Marx/Engels, *Werke*, Bd. 3, Berlin [Ost] 1958, S. 6.

24 Ebd.

25 Die Frage, in welchem Ausmaß Herrschaft für die Regelung menschlichen Zusammenlebens entbehrlich ist, kann heute angemessen nur beantwortet werden nach gründlichem Studium der Erkenntnisse der vergleichenden Anthropologie und Völkerkunde sowie der psychoanalytischen Aussagen über die Variabilität der menschlichen Triebstruktur und ihre Bedingtheit durch die Gesellschaft.

Von deutscher Sauberkeit

Gesundheit und Sauberkeit sind erst seit wenigen Jahrzehnten miteinander assoziiert, aber schon lange bevor die moderne Hygiene entdeckt und propagiert wurde, waren die Deutschen stolz auf ihre Sauberkeit, wurden Kinder zu Reinlichkeit erzogen, Wohnungen durch Putztage unwirtlich gemacht, Leben im Namen der Reinlichkeit vernichtet. Die moderne Hygiene dient vielfach nur als dürftige Rationalisierung von triebhaften Verhaltensweisen, deren Ursprung keineswegs in der reinen Seele besserer Menschen liegt. Lassen Sie mich daher vorab erklären, daß ich weder die Erkenntnisse der Bakteriologie noch die Anweisungen der Hygiene verachte, sondern es hier ausschließlich mit den populären Sauberkeitswünschen und -forderungen zu tun habe. Sauberkeit kann nützlich und notwendig sein, das wird niemand bezweifeln. Hier geht es um die *»deutsche Sauberkeit«* und ihre landläufige Hochschätzung.
Jahr für Jahr fahren Hunderttausende von Bundesbürgern über die deutschen Grenzen nach Westen und Süden. Sie genießen die Sonne und die Kulturdenkmäler auf antikem Boden in Italien und Frankreich, in Griechenland und Spanien. Unter die Vorurteile, die sie in jene Länder mitnehmen und von denen sie sich nur schwer freizumachen vermögen, gehört, daß es bei diesen Lateinern und Griechen nicht sauber zugehe. Überall starrt den überlegen lächelnden oder empört reagierenden Bundesbürgern Dreck entgegen: Schmutzige Kinder mögen noch malerisch sein, aber schmutzige Zimmer? Gewiß, die Tischdecken und Servietten sind eher sauberer als daheim, aber darauf achtet man kaum, ist doch das Auge insgeheim nur auf der Suche nach dem die gewohnten Stereotypen bestätigenden Anblick. Gemüsereste liegen nach Markttagen stundenlang auf der Straße – freilich werden sie dann von Wassermassen hinweggespült –, aber nicht die Reinigungsarbeiten, der unordentliche Schmutz des Platzes haftet im Gedächtnis . . .

Die Grenze zwischen den »sauberen« und den »schmutzigen« Ländern scheint der zwischen katholischen und protestantischen zu entsprechen. Holland, England, Skandinavien, die Vereinigten Staaten gelten als sauber. Belgien, Frankreich, Spanien, Italien als schmutzig. Woher stammt dieses augenfällige Vorurteil? Oder ist es nur eine zulässige Verallgemeinerung beobachteter Tatbestände?
Gontscharow läßt in seinem Roman *Oblomow* einen Deutschen auftauchen, der allen Nachbarn als Muster vorbildlicher Sauberkeit vorgehalten wird. Der alte Diener Sachar aber weist diese Vorbildlichkeit entschieden zurück: so sauber sei es bei diesem Deutschen, daß noch nicht einmal Ratten und Mäuse es aushielten! Sauberkeit ist lebensfeindlich. Feindlich nicht nur dem Leben der Ungeziefer, sondern auch dem menschlichen selbst. In dem schlampigen »Leben und Lebenlassen« des Dieners Sachar steckt jedenfalls mehr Menschlichkeit und Güte als in der untadeligen und sterilen Sauberkeit jenes – unsympathischen – Rußlanddeutschen. Bleibt unsere Frage: woher kommt die unumschränkte Hochachtung der Sauberkeit?
Sie scheint mir assoziiert mit Protestantismus, aber auch mit dem Emporkommen des Bürgertums und namentlich mit der Lebensweise des *Kleinbürgertums*. Sauberkeit, meist im Verein mit Sparsamkeit, wird nötig, wo die Dinge geschont werden müssen, weil das Einkommen klein ist und der Betrieb im Konkurrenzkampf nur bestehen kann, wenn er ständig erweitert wird. Die Reformation verweist die Gläubigen auf die *innerweltliche Askese*. Zur inneren Sauberkeit gehört die äußere: keine unsauberen Gedanken, keine sinnlichen Phantasien, keine schmutzige Kleidung oder Wohnung. Durchsichtig soll alles sein, den wachsamen Augen der Nachbarn und Gemeindeältesten jederzeit offenbar. Solche ständige Bemühung um Sauberkeit, solche frühe Zucht erzeugt, was Sigmund Freud den *Analcharakter* genannt hat: geizige, pedantische, mißgünstige Menschen, die um so leidenschaftlicher bei anderen aufspüren und verfolgen, was

ihnen selbst so gewaltsam und roh vorenthalten wurde. Die schmutzige Kleidung schon der Kinder, erst recht die Erscheinung der Halbwüchsigen empört: lange Haare, Bärte, ungewöhnliche und unsaubere Kleidung, alles bringt die ordnungsliebenden Analcharaktere auf die Barrikaden. Nicht dürfen die anderen genießen, was ihnen selbst versagt ward und was sie fortfahren, sich selbst zu verbieten. Nur mühsam dringt der ausgelassene Fasching, der heitere Karneval in protestantische Gebiete vor. Eigentlich gehört sich so etwas nicht!

Nicht nur Wohnung und Kleidung, auch die Kinoleinwand soll »rein« sein, dafür lohnt es schon, sich zu engagieren. Und hier fallen die Konfessionsschranken einmal dahin. Die aufs Sexuelle konzentrierte Askesevorschrift macht doppelt wachsam gegenüber angeblichen oder wirklichen Verletzungen des selbstauferlegten Tabus. Das bemühte Suchen nach evident anstößigen Stellen *befriedigt* zugleich die Bedürfnisse, deren Unterdrückung man sich zur heiligen Pflicht gemacht hat. Der Zensor genießt das Zensurierte im vergröberten Extrakt. Oft wird erst die Zusammenstellung der anstößigen Stellen auf wenigen Seiten zu dem, was das inkriminierte Werk selbst sein sollte: Pornographie. Kein Zufall übrigens, daß jene am besten gedeiht in den Ländern, die die strengste puritanische Disziplin ertragen mußten. Wo die Lustversagung am stärksten war – und zum Teil noch immer ist –, besteht auch der größte Bedarf nach Kompensation. Die Playboyklubs mit ihren das Verlangen reizenden und doch nie befriedigenden »Häschen« sind hierfür nur ein Symbol. Sittenrichter, sie fänden hier kaum etwas zu tadeln. Der Chef der Klubs unterwirft diese und sich einer strengen *Selbstzensur*. Je weniger die geweckten Bedürfnisse tatsächlich befriedigt werden, um so sicherer kehrt der Kunde zurück. Pseudoaskese und Geschäftsinteresse fallen glücklich zusammen.

»Was verdanken wir Kaiser Wilhelm?« – so wurden angeblich die Rekruten einst im Unterricht gefragt, und die erwartete Antwort lautete: *»Sauberkeit und Ordnung«*. »Ordentlich« und »sauber« werden geradezu als austauschbare Adjektive verwendet. Dreck, so hat man auch einmal gesagt, ist Materie am unrechten Ort. Er ist nicht in der Ordnung. Die gemeinte Ordnung aber ist die von despotischer Willkür gestiftete. Sei es die einer despotischen Putzfrau, die den sinnvoll-chaotischen Schreibtisch nach ihren Prinzipien aufräumt, sei es die des despotischen Zensors, der festlegt, was in einem Roman, einem Film, einer Sendung vorkommen darf, was »in Ordnung« ist und was nicht. Gerät in einem derart geleiteten politischen Gemeinwesen etwas daneben, so kann eine »Reinigung« Abhilfe schaffen. Entfernt werden dann nicht mehr Materiepartikel am unrechten Ort, sondern Menschen, ja ganze Bevölkerungsgruppen. Wer immer noch Reinlichkeitsfanatismus für ein harmloses Phänomen hält, der lese nur, was führende Nazis über Reinigung des Volkes »von fremdrassigen Elementen« zu sagen hatten oder was Stalin über die »Säuberung der Partei« von »Schädlingen« berichtete. Sauberkeit ist nur ein relativer Begriff. Was dem Despoten als »unsauber« vorkommt, das mögen zum Beispiel gerade jene Minderheiten sein, die kritisch sein Spiel durchschauen, Freiheit und Würde des Menschen gegen seine Anschläge verteidigen.

Mit dem Aggression auslösenden Reizwort »unsauber« soll der politische Gegner diffamiert und diskreditiert werden. Himmler meinte dagegen, seine SS-Männer seien selbst im Einsatz bei Massenerschießungen der Zivilbevölkerung »sauber« geblieben, worunter er verstand, daß sich niemand persönlich ergötzt habe.

Schmutz suggeriert menschliche Nähe, Distanz erzeugt den Eindruck von Sauberkeit. Die Tötung mit einer Handwaffe erscheint als »schmutzig«, die massenhafte Vernichtung durch Gas oder Bomben erweckt den – täuschenden – Eindruck von Reinheit. Charakteristisch heißt es im Wörterbuch des Unmenschen »ausradieren«, als ob Städte Schmutzflecke wären, die von der Landkarte entfernt werden müßten. Menschlichkeit hat mit Sauberkeit nichts zu tun. Sie täuscht moralische Zulänglichkeit nur vor, kann – wie die Beispiele zeigten – mit äußerster Unmenschlichkeit einhergehen. Es scheint mir drum auch keinen ernsthaften Grund zu geben, auf die eigene »Sauberkeit« stolz zu sein. Mir erscheint dieser Stolz eher als Ausdruck einer Wertperversion: Was geschützt und gehütet zu werden verdient – der Mensch, seine Freiheit, seine Entfaltungsmöglichkeiten – das wird zugunsten eines verabsolutierten Sauberkeitsideals aufs Spiel gesetzt. Hiermit hängt auch die Einstellung vieler Deutscher zu den Dingen des täglichen Gebrauchs zusammen. Tisch, Stuhl, Schrank und Bank, die doch der Bequemlichkeit von Menschen dienen sollten, werden zu Objekten fetischisierender Liebe und Fürsorge gemacht, denen die Benutzer sich unterzuordnen haben. Nicht nur an Putztagen, auch an Alltagen wird das »gute Zimmer« der normalen Benutzung entzogen. Unter Schonbezügen wird der Polsterstuhl versteckt, je nach Witterung eiskalte oder heiße Kunststoffhüllen verhindern die Abnützung des Sofas, der Bank, des Polsterstuhls noch im Auto. Vor allem aber sind bestimmte Dinge jedem angenehmen Gebrauch ganz entzogen: Grünflächen vor den Häusern dienen mitnichten den Kindern als Spielplatz, sie haben in stolzer Unnahbarkeit zu repräsentieren. Während in Parks anderer Länder vergnügte Menschen auf Wiesen lagern, um Schatten oder Sonne zu genießen, setzt hierzulande jede Gemeinde ihren Stolz darein, möglichst unberührbare und unberührte Rasenanlagen zu haben. »Bürger, schützt eure Anlagen«, kann man überall lesen. »Bürger, seid nett zu euren Kindern und laßt sie im Grünen spielen!« habe ich noch nirgends gesehen. Der Rasen könnte leiden. Ob vielleicht die Kinder leiden, danach wird nicht gefragt. Es könnte schmutzig und unordentlich aussehen, wenn die Kinder mit ihren Spielzeugen den Vorgarten betreten. Statt ihrer findet man nicht selten zartfühlende Rehe und emsige Wichtelmänner aus Gips, vom Regen oder einer besorgten Hausfrau stets sauber gehalten.

Vielleicht hängt das hypertroph gewordene Sauberkeitsideal auch mit dem technisch-industriellen Fortschritt zusammen. Das industriell gefertigte Stück soll ja keine Spur individueller Eigenart verraten. Es hat zu sein wie jedes andere, aussehend wie aus dem Kopfe des Jupiter oder vielmehr des Erfinders und seiner Maschine ohne jede Dazwischenkunft »unsauberer Hände« entsprungen. Unablässiges Säubern soll – so könnte man es deuten – auch den handgefertigten Dingen diesen Ausdruck geben und den industriell gefertigten ihren »allgemeinen«, nicht-individuellen Charakter bewahren. Schmutz individualisiert den technisch-gefertigten Gegenstand. Gebrauchsspuren machen die anonyme und allgemeine Sache zu etwas Nahem und Vertrautem. Sie müssen getilgt werden, wenn die technische Perfektion als Ideal angesehen wird. Nicht nur der Schmutz, der ganze Mensch erscheint dann als bloßer – unerwünschter – Störungsfaktor. Am besten sucht er seine störende Individualität ebenso auszuwischen wie die Putzwütige die Gebrauchsspur am Haushaltsgerät. Immer soll alles »neu« aussehen, wie eben gekauft, wie eben dem Fließband entsprungen. Die Muster menschlicher Unpersönlichkeit sind denn auch jene gleichsam zellophanverpackten Stewardessen, die den reibungslos funktionierenden Flugbetrieb symbolisieren, der lautlos durch ihre Hände gleitet, ohne Spuren – und sei es auch nur in ihren ewig lächelnden Gesichtern – zu hinterlassen.

Sollte jene Annahme zu Recht bestehen, daß Sauberkeitsideal und technischer Fortschritt einander bedingen oder doch fördern, dann wäre auch der Eindruck größerer Schmutzigkeit erklärt, den deutsche Reisende in industriell minder entwickelten Staaten oder Gegenden empfangen. Ja, selbst die anfangs angedeutete konfessionelle Zurechnung würde sich so erklären, da ja (noch immer) die protestantischen Länder industriell weiter entwickelt sind als die katholischen, auch wenn sich allmählich die Konturen verwischen. Aber auch dann bliebe kein Grund, sich der eigenen

Sauberkeit zu freuen oder gar stolz auf sie zu sein. Zu einem höchsten Wert gemacht, dem andere menschlichere, wichtigere geopfert werden dürfen, sogar müssen, ist sie Ausdruck einer seelischen Mißbildung, die wir allen Grund haben zu korrigieren. Das heißt nicht, daß ich für Dreck plädiere, wohl aber für Duldsamkeit, Gelassenheit, Menschlichkeit im Umgang mit ihm und für Wiederherstellung der rechten Proportion.

Zusatz 1983: Vielleicht darf man die Systemtheorie als eine Art wissenschaftlichen Ausdrucks für diesen Zusammenhang ansehen. Charakteristischerweise macht sie ja das »System« der verdinglichten Zusammenhänge und Beziehungen zum »Subjekt« und die Individuen zum bloßen »Umfeld« oder auch zu potentiellen Störfaktoren, die den Funktionsbedingungen des Systems tunlichst anzupassen sind.

Arbeit

1. Seit es Menschen auf der Erde gibt, sind sie genötigt, die Natur zu verändern, um ihr Leben zu erhalten. Unter günstigsten klimatischen und ökologischen Bedingungen halten sich diese Änderungen in engen Grenzen: Früchte müssen gesucht und aufbewahrt, Fische gefangen, Wild gejagt werden. Schon diese einfachen Verrichtungen erforderten oft eine komplizierte soziale Organisation und eine Anpassung des einzelnen an die den Lebensunterhalt beschaffende Gruppe. So groß aber auch gelegentlich die Anstrengungen gewesen sein mögen, »Arbeit« in dem Sinne, den das Wort heute für uns hat, waren sie nicht. Ebensowenig gab es »Freizeit«. Ohne hier einen Abriß der Entwicklungsgeschichte der Menschheit geben zu können und ohne die zahlreichen Modifikationen menschlichen Zusammenlebens aufzuzählen, soll doch auf einen wilden Stamm hingewiesen werden, dem wir wesentliche Erkenntnisse darüber verdanken, wie menschliches Leben aussehen kann. Ich meine die Zunis, Prärieindianer in Neu-Mexiko, denen jede Aggressivität fremd ist und die bei ihren Tätigkeiten eine Art Lust empfinden, die man erotisch nennen könnte.[1] Unter einem idealen Klima und bei einer Vegetation, die beinahe mühelos liefert, wessen die Menschen an Nahrung, Kleidung und Schutz bedürfen, hat sich hier ein Menschenschlag entwickelt, der weder Konkurrenzkampf noch Eifersucht oder Neid kannte und sich harmonisch mit seinem Naturmilieu eins fühlte. Es kann sein, daß nordamerikanische und europäische Ethnologen und Kulturphilosophen die Zuni-Indianer ungebührlich idealisiert haben, aber es kann kaum geleugnet werden, daß sie weder Fleiß noch Faulheit, weder Feindschaft noch Haß kannten. Der Preis, den die Zunis für ihre pazifistische und glückliche Kultur bezahlen mußten, war säkulare Stagnation.

Hochkulturen sind nur auf dem Boden der Sklaverei aufgeblüht, sind allerdings auch wieder untergegangen, sobald sie das Problem der Sklavenzufuhr nicht mehr lösen konnten und eine bestimmte Höhe der Produktionstechnik erreicht war. Die erste »Arbeit« im Sinne einer mit Mühe verbundenen, quantitativ meßbaren, mehr oder minder erzwungenen Leistung war Sklavenarbeit. Gleichzeitig mit ihr gab es immer auch schon Tätigkeiten, die nicht als »Arbeit« empfunden wurden und den betreffenden Personen nicht nur Sozialprestige verschafften, sondern auch Freude machten. Da die Sklavenhalter sich die Tätigkeiten aussuchen konnten, die ihnen Spaß machten, war es nicht verwunderlich, daß sie die interessanteren »geistigeren« für sich reservierten. Religiöses Wissen, Mathematik, Philosophie, schließlich auch Literatur und Kunst waren den »Oberschichten« vorbehalten. Um bei nur-geistiger Tätigkeit den Körper dennoch gesund zu erhalten, erfanden die »Herren« den Sport. Wer Sport trieb, der bewies schon im alten Griechenland, daß er nicht *gezwungen* war, körperliche Anstrengungen auf sich zu nehmen. Körper, die nicht als Arbeitswerkzeug dienen müssen, können spielerisch frei bewegt werden, nehmen Anmut und Grazie an, können vielseitig trainiert werden. In klassischen Sklavenhaltergesellschaften reservierten sich die »Herren« außerdem das Recht, Waffen zu tragen. Ihre Körperertüchtigung diente daher nicht nur dem Ausgleich für fehlende körperliche Arbeit, sondern auch der »Wehrertüchtigung«. Wer Waffen führt und Sport treibt, gehört zu den Herren; der Waffenlose und Arbeitende ist ein Knecht (oder Sklave). In den Spätepochen der antiken Gesellschaften wurde dieses Prinzip durchbrochen: Sklaven wurden als Söldner bewaffnet, und »Freie« begannen als Händler und Handwerker zu »arbeiten«. Auch das Privileg höherer, geistiger Betätigung ging schon früh verloren. In Rom gab es manchen gebildeten griechischen Sklaven, der seinen Herrn bei weitem an Denk- und Sprachfertigkeit übertraf. Im Mittelalter stellten sich jedoch in etwa die alten Verhältnisse zwischen körperlicher Arbeit und Unterschicht auf der einen Seite – geistiger Tätigkeit und Oberschicht auf der anderen Seite – wieder her. Die Oberschicht war allerdings deutlicher als in der Antike in zwei Gruppen, die Geistlichkeit, die das Quasimonopol theoretischer Tätigkeit innehatte, und den Adel, der das Monopol militärischer Aktivität in Anspruch nahm, gespalten. Die Mehrheit der bäuerlichen Bevölkerung war neben der Tätigkeit für den eigenen Lebensunterhalt genötigt, für die »Herren« aus Adel und Geistlichkeit Lebensmittel zu produzieren. Die nicht für die eigene Familie geleistete Landarbeit – entweder räumlich von der anderen getrennt oder zeitlich auf bestimmte Tage der Woche angesetzt – wurde zweifellos als mühevolle Arbeit empfunden.

Daß mit Arbeit von Anfang an die Vorstellung von schwerer Mühe und Unglück verbunden war, macht die Etymologie des deutschen (wie übrigens auch des griechischen und lateinischen) Wortes deutlich. Kluge und Götze führen Arbeit auf ein germanisches Verbum »arbejo« zurück, was soviel wie »bin ein verwaistes (und deshalb zu mühevoller Arbeit verdingtes) Kind« heißt.[2] »In der Gleichsetzung von Arbeit und (unwürdiger) Mühsal lebt« – nach den gleichen Autoren – »die von Tacitus [...] bezeugte Gesinnung: der freigeborene Germane überläßt die tägliche Arbeit den Unfreien« weiter. Diese Einstellung gilt allerdings genauso für die Griechen und Römer. Noch Luther, der im übrigen die modernere, positive Wertung der Arbeit fördert, benutzt das Wort auch im Sinne von »schwerer Mühsal«.

Eine allmähliche Änderung in der Wertschätzung der Arbeit hängt deutlich mit dem Aufstieg des Stadtbürgertums, des Handwerker- und Handelsstandes zusammen. In einer Sammlung von Sinnsprüchen über die Arbeit häufen sich die positiven Beispiele etwa seit Anfang des 15. Jahrhunderts. Bei Thomas a Kempis heißt es (um 1410 in seiner *Imitatio Christi*): »Was suchst Du nach Ruhe, da Du zur Arbeit geboren bist? – Ohne Arbeit gelangst Du nicht zur Ruhe, ohne Kampf nicht zum Sieg.« Und schon ganz bürgerlich klingt es bei Sebastian Brant (im *Narrenschiff*, 1494): »Die müßig Gehenden straft der Herr – und gibt der Arbeit Lohn und Ehr.« Charakteristisch für solche und alle späteren bürgerlichen Äußerungen über die Arbeit ist die Verinnerlichung des Zwangs; Arbeit bedarf nicht mehr eines äußeren Herren, sondern wird »zur Ehre Gottes«, in Befolgung des göttlichen Gebots geleistet. Erst durch die Reformation wird der Bibelspruch: »So jemand nicht will arbeiten, der soll auch nicht essen« (2. Thess. 3,10) popularisiert. Bei Luther finden wir schließlich den sinnigen Vergleich: »Der Mensch ist zur Arbeit geboren, wie der Vogel zum Fliegen.« Ganz und gar unantikisch meint Johann Friedrich Fischart: »Arbeit und Fleiß, das sind die Flügel, so führen über Strom und Hügel« (*Das glückhaft Schiff von Zürich*, 1576). Damals begann offenbar auch der Siegeszug des Fleißes als einer »modernen Tugend«, die den Alten ganz unbekannt war. Es dauert aber noch zwei Jahrhunderte, bis Benjamin Franklin den bürgerlichen Zweck der Arbeit offen ausspricht: »Der Weg zum *Reichtum* hängt vor allem von zwei Dingen ab: *Fleiß und Sparsamkeit*« (*Rat an einen jungen Handelsmann*, 1748). Auch der enge Zusammenhang zwischen Arbeitsdisziplin und Geschlechtsmoral ist nicht erst von Sigmund Freud entdeckt worden. Christoph Martin Wieland meint im *Oberon*: »Nichts unterhält so gut [...] die Sinne mit der Pflicht in Frieden, als fleißig sie durch Arbeit zu ermüden« (1780). In vollkommener Blindheit für alle vor- und nichtbürgerlichen Kulturen schreibt schließlich der Nationalökonom Roscher 1854: »Je höher die Kultur, desto ehrenvoller die Arbeit.«[3]

Das entscheidend Neue am bürgerlichen Zeitalter ist, daß Arbeit jetzt nicht mehr durch die direkte (sklavische) oder indirekte (feudale) Abhängigkeit von Personen erzwungen wird, sondern frei ist, wobei allerdings hinzugefügt werden muß, daß die personale Abhängigkeit durch die Abhängigkeit vom Markt abgelöst wird. In einer rein bürgerlichen Gesellschaft gilt Arbeit nicht mehr als ein sozialer »Makel«.

Alle arbeiten oder geben doch vor, es zu tun. In der Tat verwandeln sich aber auch alle Tätigkeiten entweder in warenproduzierende Arbeit und/oder werden selbst zu Waren (Dienstleistungen). Auch künstlerische und wissenschaftliche Tätigkeit wird zur Ware, die genauso gegen die Ware der Waren, Geld, eintauschbar ist wie alles andere. Auf dem Markt werden alle Produkte und Tätigkeiten »gleich«, sie sind quantifizierbar (meßbar in ihrem »Geld-Wert«, der wiederum Ausdruck der in ihnen vergegenständlichten abstrakt-allgemeinen Arbeit ist). Tendenziell bestimmt sich die soziale Rangordnung nicht mehr nach Arbeit und Muße, sondern nach dem geleisteten Arbeitsquantum. Aber dieses idealtypische Bild wird in der Wirklichkeit durch zwei gegenläufige Tendenzen modifiziert. Einmal überleben vor allem in Europa (wie in Japan) noch bis ins zwanzigste Jahrhundert Überbleibsel des feudalen Verständnisses von Rang und Würde. Diesem feudalen (unbürgerlichen) Verständnis entspricht ein Ideal würdiger Muße, das insbesondere für die *Frauen* bürgerlicher Schichten noch immer eine gewisse Rolle spielt. Die bürgerlichen Berufe werden unter diesem Gesichtspunkt in eine Rangordnung gebracht, die nicht vollständig der reinen Einkommens- und Besitzhöhe entspricht. Hohe Staatsämter, Offiziersränge und Gelehrtentätigkeit werden höher eingestuft als ihrem – meist relativ geringen – Berufseinkommen entspricht. Die Bezieher von Grundrenten aus agrarischem Besitz wurden (namentlich in England) für »vornehmer« erachtet als die Empfänger gleicher und selbst noch weit höherer Einkommen aus Handel und Industrie. In den USA, wo anfangs diese feudalen Vorstellungen (außerhalb des Südens) kaum eine Rolle spielten, muß zu Beginn des imperialistischen Zeitalters eine Art nachträglicher ›Feudalisierung‹ der höchsten Einkommenskreise eingesetzt haben, von der Thorstein Veblens »Theorie der Müßiggänger-Klasse« (1899, dt. *Theorie der feinen Leute*, Köln o. J.) berichtet. Muße, Luxus und ökonomisch nutzlose Geldausgaben galten (und gelten) in diesen Kreisen

als Indiz eines privilegierten Sozialstatus. Es ist jedoch charakteristisch, daß reiche Bourgeois die Formen einer »Kultur der Muße« – mehr oder minder geschickt – von älteren feudalen Vorbildern erlernen mußten. Müßiggang und Luxus wurden oft auch entweder mit unterdrücktem schlechten Gewissen bezahlt oder durch Nebenabsichten (wie Geschäftswerbung) denaturiert. In einer Welt, in der nur ein verschwindend kleiner Prozentsatz der Gesellschaft wirklich ganz der Muße leben kann, ist es aber zu einem dringenden Bedürfnis der Selbsterhaltung des ökonomischen Systems geworden, den Eindruck allgemeiner Arbeitsamkeit und Arbeitspflicht zu erwecken. In den apologetischen Biographien großer amerikanischer Unternehmer wird daher kaum von deren Muße, sondern fast ausschließlich von deren intensiver, ja übermenschlicher ›Arbeitsleistung‹ gesprochen. Selbst dort, wo ihre »Hobbies« wie Bildersammeln oder Großwildjagd beschrieben werden, ist mehr von dem Fleiß die Rede, mit dem sie diesen Tätigkeiten nachgingen, als von der Freude, die sie an einer völlig frei gewählten, befriedigenden Tätigkeit hatten. Die geringschätzige Behandlung des Playboys in »seriösen Kreisen« ist ein Indiz für das noch immer vorhandene schlechte Gewissen derer, die zwar selbst nicht arbeiten müssen, aber anderen Fleiß und Arbeitsamkeit predigen.
Mit der Verherrlichung der Arbeit ist die bürgerliche Eigentumstheorie und die Rechtfertigung des Eigentums aufs engste verbunden. Seit John Locke Privateigentum aus der Bearbeitung abgeleitet hat, ist die »Heiligkeit des Eigentums« auf eine neue, bürgerliche Basis gestellt worden. Für ältere Ideologien war die ungleiche Verteilung des Eigentums an Individuen und Gruppen einfach Folge einer von Gott gewollten Rangordnung. Die einen waren zum Herrschen und Führen bestimmt, die anderen zum Gehorchen und Ausführen; die einen mußten für ihre edleren Tätigkeiten von der Last der Alltagsarbeit freigestellt werden, die anderen waren gleichsam im Dienste ewiger Ordnung ver-

pflichtet, für jene alle schweren Arbeiten zu leisten und für ihren Lebensunterhalt zu sorgen. Die Ableitung des Eigentums aus der individuellen Arbeit war ein großer Schritt nach vorn – er wurde von den Vertretern der Feudalgesellschaft zu Recht als revolutionär beurteilt und verdammt. Wenn nur Arbeit Recht auf Privateigentum verschafft, dann muß das Bearbeitete konsequenterweise denen gehören, die es bearbeitet haben, dann kann es keinen Besitz für Müßiggänger geben. Das mußte in den Ohren von Klerus und Adel wie eine Kampfansage klingen. Die freilich nie real existierende bürgerliche Idealgesellschaft müßte aus lauter – handwerklich und bäuerlich – Arbeitenden bestehen, die ihre wechselseitigen Produkte über den Markt beziehen, den sie alle mit ihren eigenen Waren beliefern. Aber schon John Locke verläßt – noch innerhalb seiner Theorie – dieses nie realisierte Modell. Beinahe versehentlich spricht er von der Arbeit nicht nur des Familienvaters und seiner Kinder, sondern auch von der des *Knechts*, durch welche nicht der Knecht, sondern *dessen* Herr Anspruch auf Eigentum des von ihm gestochenen Torfes erwirbt.

Durch die Existenz von Lohnarbeit wird die naturrechtliche Eigentumstheorie des Bürgertums von Anfang an desavouiert. Der für Lohn Arbeitende erwirbt zwar Anspruch auf eine Bezahlung, aber deren Größe hat nichts mit dem Wert des von ihm erzeugten Produktes zu tun, das der »Herr« (Arbeitgeber, Unternehmer) als Ware auf den Markt bringt. Ökonomisch gesehen ist die Arbeit des Lohnarbeiters gar nicht »seine«, sondern die des ihn »Beschäftigenden«, sie kann daher auch kaum jene Befriedigung an der Arbeit verschaffen, die noch immer von der bürgerlichen Moral als selbstverständlich unterstellt wird. Arbeit wird auch dort, wo der direkte (politische) Zwang weggefallen ist – wie in liberalen bürgerlichen Gesellschaften – noch immer als »Zwangsarbeit« empfunden. Millionen suchen ihr durch Lotterie, Toto oder Verbrechen zu entfliehen. Das sittliche Ideal, das die Gesellschaft predigt, ist der erfolgreiche, arbeitsame und fleißige Mensch; das Ideal, das sie durch ihre Werbeagenturen, Zeitschriften und Fernsehsendungen indirekt suggeriert, ist der mühelos konsumierende, unbeschränktes Geldeinkommen beziehende, ewig jugendlich bleibende Glückspilz. Kaum ist der Mehrheit der Bevölkerung noch glaubhaft zu machen, daß Arbeit und Fleiß der einzige – oder auch nur ein gangbarer – Weg zu jenem allgegenwärtigen Traumziel des Glückes ist. Die Gesellschaft produziert notwendig Frustrationen, indem sie ständig mehr Wünsche erzeugt, als die meisten befriedigen können. Durch diesen Überhang an Konsumwünschen erzeugt sie aber zugleich einen indirekten Zwang zu erhöhter Arbeitsintensität und – selbst in hochindustrialisierten Gesellschaften – zu relativ langer Arbeitszeit. Während sich die Arbeitsproduktivität verhundert- und vertausendfacht hat, ist die Arbeitszeit um kaum 50 Prozent verkürzt worden. Gleichzeitig ist allerdings das Konsumbedürfnis gewaltig gewachsen. Da aber die auf Privateigentum beruhende Marktwirtschaft nur lebensfähig ist, solange sie *wächst*, und da die gesteigerte Warenmasse nur dann sinnvoll ist, wenn sie verkauft werden kann, müssen die Angehörigen der hochindustrialisierten Länder ständig mit Hilfe der Werbung zum Maximalkonsum ermuntert werden.

Längst vermag aber Arbeit nicht mehr Eigentum zu verschaffen, wenn Eigentum hier in dem traditionellen bürgerlichen Sinn von »Eigentum an Produktionsmitteln« verstanden wird. Gewiß, durch Arbeitseinkommen können wertbeständige Konsumgüter wie Häuser und Grundstücke erworben werden, aber das durch eigene Arbeit Erreichte wird nur in ganz seltenen »Glücksfällen« den Erwerb eines hinlänglich großen Produktionsmittels (einer Fabrik, eines Erwerbsgutes usw.) erlauben. Aufstiegschancen bietet die hochindustrialisierte Gesellschaft in der Regel nur *innerhalb* der Gruppe der Lohnabhängigen, nicht über diese hinaus. Dagegen fallen umgekehrt immer noch regelmäßig selbständige Existenzen in die Kategorie der »Angestellten« hinab, ohne damit übrigens notwendig eine Minderung ihrer Konsumchancen hinnehmen zu müssen. Privateigentum in einer Größe, die seinen Inhaber von der Notwendigkeit eigener Arbeit enthebt, ist – in der Regel – ererbt. Die alte Verbindung zwischen Arbeit und Eigentumserwerb hat praktisch ihren Sinn verloren, und nur die ständig gewachsenen Konsummöglichkeiten bis hin zur Anschaffung von Prestige-Artikeln haben diese Tatsache dem Bewußtsein der meisten Zeitgenossen verdeckt. Die Wiederherstellung einer Gesellschaftsordnung, in der die Mehrheit der Familien tatsächlich über Privateigentum an den Produktionsmitteln verfügt, ist aber nicht nur praktisch unmöglich, sondern auch gar nicht mehr wünschenswert. Dagegen wird von den sensibleren Minoritäten hochindustrieller Gesellschaften der durch manipulierte Konsumwünsche, Wettrüsten und geplanten Verschleiß vermittelte Leistungsdruck zunehmend als irrational und abschaffbar empfunden. Nicht deshalb erscheint mühevolle Arbeit als irrational, weil sie nicht mehr imstande ist, dem Eigentumslosen Privateigentum an Produktionsmitteln zu verschaffen, sondern, weil es – angesichts des technischen Potentials hochindustrialisierter Länder – objektiv möglich wäre, diese Arbeitslast ganz erheblich zu reduzieren und damit das Leben aller Menschen entschieden zu verbessern. Einer solchen Änderung stehen nicht mehr – wie in früheren Zeiten – die beschränkten Möglichkeiten der menschlichen Produktion, sondern allein die überkommenen Organisationsformen und ökonomischen Strukturgesetzlichkeiten im Wege, die auch dort noch expansive Dynamik notwendig machen, wo sie längst entbehrt werden könnte, und zugleich die Produktion planlos in irrationale Richtung drängen.

Das neue Gleichgewicht, das technokratische Analytiker der hochindustrialisierten Gesellschaften mit so großer Zufriedenheit feststellen zu können glaubten, wird zwar einstweilen nur von relativ schwachen »Randgruppen« dieser Gesellschaften bedroht oder doch in Frage gestellt, aber schon ist die ganze heitere Stimmung zerstört, die einige Jahre lang herrschte. Das »Idealbild« einer fleißig vor sich hin produzierenden, ständig nach Konsumsteigerung gierenden, in ihrer kontinuierlichen Unbefriedigtheit zufriedenen Gesellschaft, deren Massen die Steuerung des Gesamtprozesses getrost ökonomischen Gesetzmäßigkeiten und korrigierenden Steuermännern an der Spitze überlassen, gehört der Vergangenheit an. Die Entpolitisierung des Bewußtseins, die Passivierung des Verhaltens, die Eindimensionalität des Denkens und Fühlens, Vorstellens und Hoffens wird von dissentierenden Minderheiten nicht mehr hingenommen. Die totgesagte Utopie feiert ihre Auferstehung. Die domestizierte »Natur« des Menschen erweist sich als widerstandsfähig; das scheinbar Unveränderliche als änderbar. Es ist zumindest denkbar, daß die Utopie in dem Maße an Boden gewinnt, als das Interesse am technologischen Fortschritt die Industriegesellschaften dazu zwingt, schöpferisches Denken zu fördern und damit auch kritisches Potential zu erzeugen. Zumindest erweist es sich als ein Problem von zunehmender Schwere, wie es möglich sein soll, immer höhere und massenhaftere Fachqualifikationen zu produzieren, ohne zugleich – als ungewolltes Nebenprodukt höherer Bildung, längerer Freizeit, billigerer Informationsquellen, leichterer Kommunikation – und damit Widerstand, Kritik und Auflehnung zu verstärken.

In einer Zeit, da mühevolle Arbeit technologisch aufhebbar erscheint und die Chance, mit Hilfe von Arbeit bleibenden Produktionsmittelbesitz zu erwerben, praktisch dahingeschwunden ist, wird der Konsumwunsch allgemein zum entscheidenden Vermittler des Arbeitsaufwands. Wer sich dem Leistungszwang der hochindustrialisierten Gesellschaft entziehen will, der muß sich daher auch – wenigstens partiell – vom Konsumzwang frei machen. Diesen Weg beschreiten amerikanische Hippies und andere oppositionelle Gruppen. Sie reagieren auf die entmenschlichenden Zwänge ihrer Gesellschaft auf eine Weise, die jedoch noch innerhalb der Kategorien dieser Gesellschaft befangen bleibt.

Indem sie sich gleichsam »in den Poren« der existierenden Leistungsgesellschaft einnisten und sich gelassen deren Systemzwängen entziehen, bilden sie zugleich Inseln einer neuen Menschlichkeit und Objekte kollektiven Neids, der nicht selten in Aggression gegen die Unaggressiven umschlägt (z. B. 1968 in Chicago).[4] Die Hippie-Gemeinschaft lebt gleichsam schon in einer Welt jenseits von Arbeit und Freizeit.

Zusammen mit der immer radikaler werdenden Kritik am Arbeitszwang und seiner sublimierten Entfremdung muß auch der Begriff »Freizeit« in Frage gestellt werden. Er ist ein Produkt der industriell-bürgerlichen Epoche, ein Pendant zum Begriff Arbeitszeit, das erst mit der Quantifizierung aller Arbeit in der entfalteten kapitalistischen Wirtschaft zu zentraler ökonomischer Bedeutung gelangte. Freizeit bezeichnet den Zeitraum für freie menschliche Entfaltung (was sie theoretisch vielleicht sein könnte) stets nur *negativ* – als Zeit der Nicht-Arbeit, der unproduktiven Tätigkeit oder des Nichts-Tuns. Sie wird moralisch meist durch die Notwendigkeit der Wiederherstellung der vollen Leistungsfähigkeit gerechtfertigt und in den hochindustrialisierten Gesellschaften gleichsam »für den Konsum in Beschlag gelegt«. Der Nicht-Arbeitende soll wenigstens durch Konsum (Geldausgeben) für die Produktion tätig bleiben. Die freigesetzte Zeit (Freizeit) ist vor allem ein Objekt intensiver Werbung, eines sich steigernden Angebots an Waren in materieller und Dienstleistungsform. Die Mehrheit der Menschen, die in ihrer Arbeit »fremdgesteuert« sind, bleibt in ihrer Freizeit genauso »abhängig« wie während der Arbeitszeit. Die Hemmung der Initiative, die – auch wenn sie *technisch* längst kaum noch gerechtfertigt ist – immer noch für die meisten Arbeiten im Betrieb und Büro charakteristisch bleibt, überträgt sich auch auf die Freizeit. »Zum Glück« kamen die modernen Massenmedien gerade in dem Augenblick, als wachsende Freizeit »gefüllt« und »genutzt« werden mußte: Film, Tonfilm, Radio, Fernsehen und illustrierte Zeitungen nehmen sich des Menschen in der Freizeit ebenso an wie Massentourismus, Massen-(Zuschauer-)Sport und andere »Vergnügungen«. Das Verhältnis von Arbeit und arbeitsfreier Zeit kann sich erst grundlegend ändern, wenn es sich bereits *quantitativ* noch ganz erheblich weiter zugunsten der Freizeit verschoben hat und wenn die »Freizeit« wirklich den Individuen für ihre freie Entfaltung zur Verfügung steht. Der säkulare Prozeß der Arbeitszeitverkürzung, den die Gewerkschaften und Arbeiterparteien zusammen mit der (von ihnen wesentlich geförderten) Industrialisierung durchgesetzt haben, scheint seit mehr als einem Jahrzehnt zum Stillstand gekommen zu sein. Die Vierzigstundenwoche, die schon 1945 allgemeines Programmziel war, ist kaum irgendwo schon unterschritten worden. Vielleicht haben die führenden Männer der Industriegesellschaften (mehr oder minder bewußt) erkannt, daß eine weitergehende Verlängerung der Freizeit unvorhersehbare *qualitative* Folgen haben müßte, und zögern deshalb den Prozeß weiter hinaus. Gewiß fällt es vielen schwer, Abschied von einem Bild des Menschen zu nehmen, das seit Jahrhunderten durch Erziehung, Tradition, religiöse Sanktion und moralische Wertungen verfestigt wurde: das Bild des Homo laborans, des arbeitenden Menschen, der »im Schweiße seines Angesichts sein Brot essen muß«. Der Gedanke, daß eines Tages nicht nur für einige wenige – wie von jeher – sondern für *alle* Menschen das Ende dieser Mühsal kommen könnte, beunruhigt ob seiner Neuheit. Das karikierende Bild eines Schlaraffenlandes schiebt sich vors Bewußtsein, jahrhundertealter Spott über die Träumer von einer besseren Welt, über die Utopisten und Idealisten hat seine Spuren in uns allen hinterlassen. Ein kurzer Blick auf die Geschichte der Utopien, auf die differenzierteren Thesen von Marx – im *Kapital* – und auf die Erkenntnisse Sigmund Freuds über den Zusammenhang von psychischer Struktur und Arbeitswelt könnte dazu beitragen, diese traditionellen Hemmungen und Abneigungen zu überwinden.

2. In Platos Πολιτεία, die von manchen späteren Autoren als erste utopische sozialistische Schrift der Weltliteratur mißverstanden wurde, ist die Muße noch durchaus ein Privileg der philosophierenden Führungselite. Unter ihr ist die Masse der Bevölkerung – von niedrigem Erwerbstrieb geleitet – damit beschäftigt, den Lebensunterhalt für alle zu besorgen. Im Gegensatz dazu finden wir bei den Utopisten der frühen Neuzeit – von Thomas Morus angefangen – die Vorstellung einer allgemeinen Verkürzung der Arbeitszeit, durch die eine Teilung der Gesellschaft in Elite und Masse und der Unterschied von körperlicher und geistiger Arbeit aufhebbar gemacht wird. Thomas Morus sieht vor allem einen regelmäßigen *Wechsel* zwischen ländlicher und städtischer Tätigkeit vor und nimmt an, daß bei allgemeiner Arbeitspflicht jeder einzelne nur noch sechs Stunden täglich werde arbeiten müssen. Interessant ist auch sein Hinweis auf die Nutzung der »Freizeit«: »Über all die Zeit zwischen den Stunden der Arbeit, des Schlafes und des Essens darf ein jeder nach seinem Belieben verfügen, nicht etwa um sie durch Schwelgerei und Trägheit schlecht auszunutzen, sondern um die arbeitsfreie Zeit nach Herzenslust *auf irgendeine andere Beschäftigung nutzbringend zu verwenden.* Die meisten treiben in diesen Pausen *literarische Studien* [...].«[5] Und er fügt hinzu, daß am frühen Morgen öffentliche Vorlesungen stattfinden, zu denen jedermann Zugang hat. Aber auch handwerkliche Liebhaberarbeiten werden gefördert. Wir finden also bereits bei Morus etwas Ähnliches wie unsere »Hobbies«. Die Möglichkeit einer so weitgehenden Verkürzung der Arbeitszeit – die angesichts der relativ geringen Produktivität der Arbeit um so erstaunlicher erscheinen mußte – begründet Morus einmal mit der Einbeziehung aller Müßiggänger in den Prozeß der gesellschaftlichen Arbeit (Frauen, Priester, Reiche, Bettler, Diener usw.) und sodann mit der Konzentration auf die wirklich notwendigen Güter. »Da nämlich bei uns das *Geld* der Maßstab für alles ist, müssen wir viele völlig unnütze und überflüssige

Gewerbe betreiben, die bloß der Verschwendung und der Genußsucht dienen.« Morus meint hier vermutlich, daß die Produktion zum Zwecke der Profitmaximierung sich an der zahlungsfähigen Nachfrage orientieren muß, die ihrerseits so ungleich auf die verschiedenen Bevölkerungsschichten verteilt ist, daß extravagante Luxusgüter mehr profitable Marktchancen haben als manche Gegenstände, die dem täglichen Bedarf dienen. Morus fordert daher implicite eine geplante Produktion, die »alles [...] zum Leben Notwendige oder Nützliche [...], aber auch zum Vergnügen Dienende, soweit es echt und natürlich ist«, beschaffen kann.

Bei Tommaso Campanella, dessen *Sonnenstaat* politisch kein ideales Gemeinwesen genannt werden kann, wird durch allgemeine Arbeitspflicht ein ähnlicher Effekt erreicht: »Die öffentlichen Dienste und Arbeiten sind unter alle verteilt, so daß auf den einzelnen *kaum vier Stunden Arbeit am Tage kommen.* Die übrige Zeit kann jeder nach seinem Belieben mit angenehmen Studien, mit Disputieren, Lesen, Erzählen, Schreiben, Spazierengehen oder mit geistigen und körperlichen Übungen zubringen [...].« Für die beiden Kleriker Morus und Campanella sind die geistigen Vergnügen zweifellos die höchsten, und so versteht sich von selbst, daß sie diese in ihrem Idealstaat *allen* zugänglich machen wollen. Bei Campanella findet sich auch eine interessante Reflexion über Reichtum und Armut, die erinnert zu werden verdient: »Übrigens behaupten die Bürger des Sonnenstaates, daß *harte Arbeit* die Menschen gemein, verschlagen, betrügerisch, diebisch, hinterlistig, unstet, verlogen, meineidig u. a. werden läßt, der *Reichtum* sie dagegen unverschämt, hochmütig und unwissend macht, außerdem treulos, eingebildet, unehrlich, prahlerisch, herzlos, schmähsüchtig usw.«

In der utopischen Zukunftsgesellschaft aber werden die Menschen weder reich noch arm sein, oder anders gesagt »alle sind arm und reich zugleich«, weil alle das haben, was sie brauchen, und weil keiner etwas (für sich allein) besitzt. »Zugleich dienen sie nicht den Sachen, sondern die Sachen ihnen [...].«[6] In einer Gemeinschaft, in der die Bedürfnisbefriedigung aller vollständig sichergestellt ist und es weder Konkurrenzkampf noch Ausbeutung gibt, fällt einfach der Sinn jedes Vergleichs von »arm« und »reich« vollständig weg.

Bei dem französischen utopischen Sozialisten Claude-Henri Comte de Saint-Simon (1760–1825) finden wir vor allem eine radikale Kritik des Müßiggangs der privilegierten Minderheit und die Propagierung einer Gesellschaft von arbeitenden »Industriellen und Proletariern«, die von der alten Gesellschaft feudaler Drohnen, aber auch von der bürgerlicher Rentiers abgehoben wird. In einer seiner frühen Schriften faßt Saint-Simon seine neue Moralauffassung zusammen: »Der Mensch soll arbeiten. Der glücklichste Mensch ist der, der arbeitet. Die glücklichste Familie ist die, deren sämtliche Mitglieder ihre Zeit nutzbringend verwenden. Die glücklichste Nation ist die, in der es am wenigsten Müßiggänger gibt. Die Menschheit würde all das Glück genießen, das sie überhaupt erstreben kann, wenn es keine Nichtstuer gäbe.«[7]

Im Gegensatz zur biblischen Vorstellung wird bei Saint-Simon Arbeit nicht als Fluch verstanden, sondern als Quelle des Glücks und der Befriedigung. Allerdings hat Saint-Simon dabei die Unterschiede zwischen den verschiedenen Arten von Arbeit bewußt negiert. Er geht von seiner eigenen Erfahrung aus, die ihn die tiefe Befriedigung kennenlernen ließ, die aus wissenschaftlicher Tätigkeit entspringen kann, und unterstellt, daß auch unqualifizierte Handarbeit eine ähnliche Befriedigung mit sich führen müsse. »Ich bemerke, daß es sehr wichtig ist, der Idee der Arbeit die ganze Breite zu lassen, die ihr zukommt. Jeder Staatsbeamte, jeder, der sich mit den Wissenschaften, den schönen Künsten, der Fabrik- und der Landwirtschafts-Industrie beschäftigt, leistet genauso positive Arbeit wie der Tagelöhner, der die Erde umgräbt, wie der Lastträger, der Lasten befördert [...].«

Das wesentlich Neue gegenüber früheren Zukunftsvisionen

ist, daß Saint-Simon die Steigerung der menschlichen Arbeitsproduktivität durch technische Neuerungen in den Mittelpunkt seiner Hoffnungen stellt. Ingenieure, Techniker und Organisatoren – zu denen Saint-Simon vor allem auch die Industriellen und Bankiers zählt – können die Produktivität menschlicher Arbeit weit über das traditionelle Maß hinaus steigern und damit zur Befreiung der Menschheit von Naturabhängigkeit beitragen. Durch die Frontstellung Saint-Simons gegen das Ancien régime, seine führenden Schichten (Hof, Adel, Geistlichkeit, Staats-Rentner) und seine Wertvorstellungen wurde der Klassengegensatz zwischen Industriearbeiter und Unternehmer und der qualitative Unterschied zwischen entfremdeter Arbeit und freier schöpferischer Tätigkeit verdeckt. Ähnliches pflegt noch heute in Ländern sich zu ereignen, deren *Hauptsorge* der möglichst raschen Steigerung der Quantität (und Qualität) der Produktion gilt.

Charles Fourier (1772–1837) korrigiert und ergänzt das einseitige Bild, das Saint-Simon entworfen hat. Er geht von den konkreten Bedürfnissen der arbeitenden Menschen aus, nicht von der Konfrontation von Müßiggängern und Arbeitenden im allgemeinen. Für viele Menschen ist Arbeit keineswegs ein Vergnügen. »Die Bibel sagt ganz richtig, daß die Arbeit eine Strafe für den Menschen ist: Adam und seine Nachkommen sind dazu verurteilt, beim Schweiße ihres Angesichts ihr Brot zu verdienen [...]. Aber diese undankbare Arbeit, von der unser Leben abhängt, oft finden wir sie nicht einmal! Arbeiter entbehren der Arbeit, von der doch ihre Subsistenz abhängt [...].«[8] Im Gegensatz zur Lage der Menschen im Zivilisationszeitalter hat Gott offenbar viele Tierarten dazu bestimmt, in der Tätigkeit ihre Freude, ihr Glück zu finden. »Während ein Russe oder ein Algerier aus Angst vor der Peitsche arbeitet, arbeiten Engländer und Franzosen aus Angst vorm Hunger, der ihre ärmlichen Haushaltungen bedroht [...].«[9] Es müsse aber möglich sein, das Verhältnis der Menschen zur Arbeit radikal zu verändern, wenn die Gesellschaftsordnung entsprechend geändert werde. Ausgehend von der naturrechtlichen Annahme, daß die Menschen dazu bestimmt sind, glücklich zu werden, und daß es viele Tätigkeiten gibt, die sie schon jetzt mit Freude und Begeisterung ausführen, sucht Fourier nach einer solchen Ordnung der gesellschaftlichen Arbeit, die *allen* jederzeit Befriedigung in ihrer Arbeit und bei der Arbeit verschafft. Um dieses Ziel zu erreichen, stellt er sieben Forderungen auf, von denen einige noch immer aktuelle Bedeutung haben:

(1) Die Vergütung der Arbeitenden soll nicht in Form eines Arbeitslohns, sondern durch eine »Dividende« erfolgen, eine anteilsmäßige Vergütung, die ihnen als Genossenschaftern zusteht.

(2) Diese Dividende soll dem individuellen Kapitalaufwand, dem Arbeitsaufwand und dem Talent entsprechen. Hier wird deutlich, daß Fourier – in dem von Marx und Engels entwickelten Sinn – kaum als Sozialist und noch weniger als Kommunist bezeichnet werden kann. Die Ökonomie ist seine schwache Seite. Äußerst scharfe Kritik hat er nicht an der Eigentumsordnung, sondern lediglich am Handel (Zwischenhandel) geübt.

(3) Die »industriellen Sitzungen« (das sind Arbeitseinsätze, die in agrarischen wie Fabrik-Betrieben stattfinden) sollen etwa achtmal täglich *wechseln*, denn Begeisterung kann kaum länger als eineinhalb Stunden hintereinander aufrechterhalten werden.

(4) »Diese Arbeiten sollen gemeinsam in Gruppen geleistet werden, die sich jeder selbst aussuchen kann. Zwischen den Gruppen soll eine Art freudiger Wettbewerb stattfinden.«

(5) »Arbeitsstätten sollen anziehend [von Künstlern, I. F.] ausgestattet werden, elegant und sauber sein.«

(6) »Die Arbeitsteilung soll auf die Spitze getrieben werden, damit jedes Alter und jedes Geschlecht eine ihm zusagende Tätigkeit finden kann.« Diese Forderung scheint im Gegensatz zur dritten zu stehen, die eine häufige Abwechslung der

Tätigkeiten während des Tageslaufs vorsieht. Sie soll vermutlich die Chance erhöhen, daß die tausenderlei Leidenschaften auch eine ihnen ganz angemessene Tätigkeit finden, zu der die betreffenden Personen dann so oft wie möglich zurückkehren.

(7) »Jeder, ob Mann, Frau oder Kind, soll ein *Recht auf Arbeit* haben und jederzeit an *der* Arbeit teilnehmen dürfen, die ihm am meisten Spaß macht, außer daß er seine Rechtschaffenheit und Fähigkeit nachweisen muß.«

Als letzte und entscheidendste Forderung nennt Fourier »die *Garantie* des Wohlstands, *eines ausreichenden Minimums* für die Gegenwart und die Zukunft, die jeden Menschen samt seiner Familie aller Sorgen enthebt«.[10] Auf diese Weise würde die Arbeit liebenswert gemacht und allen Menschen Glück gebracht. Hauptquelle des Glücks ist der ständige Wechsel der Betätigungen; aber auch das Zusammensein mit guten Freunden, die man selbst gewählt hat, und eine Tätigkeit, zu der man sich ganz besonders hingezogen fühlt, tragen zu diesem kontinuierlichen Glücke bei. Durch die Einführung des Glücks in die Arbeit wird diese aber zugleich unendlich viel schöpferischer und befähigt, Wunderwerke zu vollbringen, die man sich früher kaum vorzustellen vermochte: Wüsten (wie die Sahara) zu bewässern, Meere durch Kanäle (bei Suez und in Panama) zu verbinden usw. Durch ihre frei gewählte und mit Begeisterung geübte Tätigkeit entwickeln sich viele Arbeiter zu wahren Athleten. Die Menschen werden nicht nur glücklicher, sondern auch schöner, stärker und klüger.[11]

Die bleibende Einsicht Fouriers, die zum Teil erst heute in ihrer ganzen Tragweite wieder gesehen wird, bestand darin, daß er menschliche produktive Tätigkeit und Lebensgenuß nicht als prinzipielle Gegensätze verstand. Arbeit und Lebensgenuß können – unter veränderten sozialen Bedingungen – zusammenfallen. Dabei ist es nicht entscheidend, ob man diese von Leidenschaft motivierte und mit Freude ausgeführte Tätigkeit »Arbeit« nennt oder nicht. Die Terminologie des frühen Marx würde nahelegen, diese Art schöpferischen Tuns *nicht* mehr Arbeit zu nennen und diesen Terminus für die unter ökonomischem Druck – aus Not – geleistete Tätigkeit zu reservieren.

Fourier hat die Utopie einer befreiten Welt nicht auf die Arbeit beschränkt. An der Befreiung der menschlichen Leidenschaften und ihrer harmonischen Kombination in den »Phalansterien« hat sogar die übrige Natur teil. Die Tierwelt »antwortet« gleichsam auf eine nicht mehr repressive Bearbeitung durch spontanes Entgegenkommen, selbst Raubtiere bieten den Menschen ihre Hilfe an, und Meeresfische betätigen sich als Seenotdienst. Man hat über solche Visionen gelächelt, aber in ihnen liegt der tiefe Gedanke eingehüllt, daß die Art des Umgangs des Menschen mit der Natur eine »Sprache« ist, auf welche die Natur in ihrer Weise antwortet, und daß die Antworten sich ändern können, wenn die Sprache aufhört, die brutaler Unterdrückung und skrupelloser Ausbeutung zu sein. Die unerwünschten Nebenfolgen einer »Ausbeutung« der Natur, die sich nicht ums ökologische Gleichgewicht, nicht um Wasser- und Luftverschmutzung z. B. kümmert, haben uns deutlich genug gezeigt, wie kurzsichtig das Beharren auf einer Vergewaltigung der Natur, auf bloßer Herrschaft über sie gewesen ist.

Aber auch vor dem Gedanken des ewigen Lebens scheut sich der atheistische Denker nicht. »Das den Menschen auf diesem Planeten bestimmte Glück wäre unvollkommen, wenn sie in dieses Leben nicht wiederkehren könnten.«[12] Bissig gegen die faden Himmelsvorstellungen des Christentums polemisierend, insistiert Fourier auf einer Fortsetzung des Lebens, in der es ebenso viele sinnliche Freuden gibt wie hier auf der Erde.

Wären aber erst einmal die menschlichen Leidenschaften so mit der Sozialordnung versöhnt, daß sie alle – ohne Schaden für die Mitmenschen – sich frei entfalten können, dann wäre auch keinerlei Repressionsinstrument mehr nötig, denn:

»Alle Machtausübung ist nur die Ergänzung der Gerechtigkeit, und wenn Gerechtigkeit sich anders verwirklichen ließe, dann würde all' das überflüssig.«[13]
Morus, Campanella, Saint-Simon und Fourier sind bei weitem nicht die einzigen, die über die Veränderung des Charakters der menschlichen Arbeit, die Verkürzung der Arbeitszeit, eine gleichmäßige Verteilung der Arbeitslast und endlich die Verwandlung dieser Last in eine Lust nachgedacht haben, aber die wesentlichen Gesichtspunkte sind doch von ihnen bereits entwickelt worden. Karl Marx und Friedrich Engels nahmen viele von ihnen wieder auf.
Arbeit erscheint in der kritischen Theorie von Karl Marx in zwei systematischen Bedeutungen. Einmal wird – im Anschluß an Hegel – »Arbeit als das sich bewährende Wesen« des Menschen verstanden[14] und zum anderen (scheinbar im Gegensatz dazu) »die Beseitigung der Arbeit« als Ziel der sozialistischen Revolution bezeichnet. Arbeit im Sinne des ersten Zitats ist jede menschliche Tätigkeit, durch die eine spezifische, humanisierte Umwelt entsteht. Ohne solche Aktivität ist menschliche Existenz in der Tat undenkbar. Überreste von Artefakten (künstlichen, von Menschen gemachten Gebilden) sind die allein zuverlässigen Hinweise auf vergangene Kulturen. In bloßer Natur können Menschen nicht leben. Durch Arbeit haben sich die »ersten Menschen« einmal aus dem Tierreich herausgelöst. Arbeit *in diesem Sinne* kann daher auch nicht abgeschafft werden. Die Forderung der »Abschaffung« bezieht sich vielmehr auf eine historische Gestalt dieser Tätigkeit, die der frühe Marx als *»entfremdete Arbeit«* bezeichnet hat. Um Mißverständnisse zu vermeiden, möchte ich Arbeit in jenem fundamentalen Sinne »schöpferische Tätigkeit« oder auch »Umgestaltung der Natur« nennen und den Terminus »Arbeit« für die entfremdete, mit Unlust verbundene, durch Not erzwungene Tätigkeit reservieren. Gerade weil aber schöpferisch die Natur umgestaltende Tätigkeit geradezu *die* besondere »Gattungseigenschaft« des Menschen ist, durch die er sich

von allen anderen Lebewesen unterscheidet, ist die »Entfremdung im Arbeitsprozeß« für ihn auch besonders folgenreich und kann z. B. nicht dadurch kompensiert werden, daß er reichlich mit Konsumgütern versorgt wird. Abschaffung von »Arbeit« kann daher auch nicht bedeuten: Übergang zum Nichtstun, sondern: Freiwerden für spezifisch menschliche Aktivität.

Ich brauche hier nicht die Beschreibung der *entfremdeten Arbeit* zu wiederholen, die Marx in seinen Frühschriften – insbesondere in den »Pariser Manuskripten« – geliefert hat. Wichtig ist jedoch festzuhalten, daß mit der Aufgabe oder doch dem Zurücktreten der Bezeichnung beim späteren Marx die Sache keineswegs verschwunden ist. Sie wird nur exakter beschrieben, nicht mehr vom Individuum aus gesehen, sondern als Konsequenz der objektiven Struktur der kapitalistischen Produktionsweise dargestellt. In einer warenproduzierenden Gesellschaft verwandelt sich notwendig menschliche Tätigkeit in »Arbeit«, genauer gesagt in »abstrakt allgemeine Arbeit«, die »Wert« produziert. Alle Waren müssen zwar auch, da sie ja verkauft werden sollen, Gebrauchswert haben. Als Gebrauchswerte aber sind sie Resultat konkreter, qualitativ differenzierter Arbeiten. Die Produktion kapitalistischer Wirtschaft ist jedoch ihrem Wesen nach nicht auf Gebrauchswerte orientiert, sondern auf *Werte* oder auf Waren, die nichts anderes sind als der Inbegriff von Werten. Ware und Wert sind das Resultat »abstrakt allgemeiner Arbeit«. Genauso wie jedes in der kapitalistischen Wirtschaft erzeugte Produkt einen *Doppelcharakter* hat – nämlich einmal Gebrauchswert von bestimmter Art und Qualität zu sein und zum anderen Ware mit bestimmtem (quantitativ meßbarem) Wert –, so hat auch alle Arbeit einen Doppelcharakter, ist zugleich als Erzeugerin von Gebrauchswert spezifische, konkrete, besondere und als Produzentin von Wert (Ware) abstrakt-allgemeine Arbeit. Dabei stellen die abstrakt-allgemeine Arbeit und ihr Produkt (die werthabende Ware) die Substanz der Produktionsweise dar, die besondere Arbeit und das qualitativ unterschiedliche Produkt (Gebrauchswert) nur das Akzidens. Die Verhältnisse, wie sie dem gesunden Menschenverstand als »richtig« erscheinen, sind also in der Praxis auf den Kopf gestellt. Der Inbegriff der vollständigen Verkehrung der Verhältnisse ist aber die »Ware der Waren«, das *Geld*. Im Geld hat der einzelne Mensch den Inbegriff eines entsprechenden Anteils aller gesellschaftlich produzierten Waren vor sich. Das Geld ist gleichsam ein Stück vergegenständlichter (verdinglichter) gesellschaftlicher Produktion (und Produktivität). Durch Arbeitsteilung und Kooperation, durch die Anwendung der neuesten technischen Methoden und wissenschaftlicher Erkenntnisse ist die menschliche Produktivität ungeheuer gewachsen. Aber diese Steigerung der gesellschaftlichen Produktivkraft kommt unter den Bedingungen einer warenproduzierenden Gesellschaft nur unter der verdinglichten Gestalt des Geldes zum Vorschein. Die Allmacht des Geldes ist ein entfremdeter Ausdruck für die Allmacht gesellschaftlicher Arbeit. Die verdinglichte Gestalt ist in einem der Ausdruck und die Ursache der Aneignung des gesellschaftlichen Reichtums durch wenige. Indem die Arbeit des einzelnen um der Geldentlohnung willen geleistet wird, entsteht der täuschende Schein, als sei der Unternehmer ein Arbeit-*Geber*, da er doch in Wirklichkeit die Arbeitskraft benutzt und ihre Produkte an sich nimmt; und der Arbeiter erscheint als Arbeit-*Nehmer*, da er doch in der Tat seine Arbeitskraft verausgabt und ihr Produkt hergibt.

Um zu überleben, sind die Individuen in einer kapitalistischen wie in jeder Gesellschaft genötigt, sich den Rollen zu fügen, die von der objektiven Sozialstruktur angeboten werden. Marx hat diesen Zusammenhang mit dem Wort »Charaktermaske« illustriert. Individuen, die als Unternehmer fungieren, verschwinden hinter der Charaktermaske des Kapitalisten. Sie setzen ihre Individualität an die Stelle, die von den strukturellen Zwängen designiert wird, ihr individuelles Gesicht wird zu einem Akzidens, zu einer unwesentlichen Eigenschaft, herabgesetzt. Der Konkurrenzmechanismus ist nur das Mittel, durch das Systemzwänge dem einzelnen nahegebracht werden, er stellt die Vermittlung dar, die den einzelnen Unternehmer und Arbeiter mit dem sozialökonomischen Ganzen verbindet. Die Beziehungen der einzelnen zueinander sind nicht durch Gesichtspunkte der Moral oder des subjektiven Wollens überhaupt bestimmt, sondern durch objektive Strukturgesetzlichkeiten. Diese spiegeln sich im Bewußtsein des einzelnen so, daß der »andere« (Konkurrent, Gegner usw.) *nur als Mittel*, nie als Selbstzweck erscheint. Die von Kant als kategorischer Imperativ aufgestellte Forderung verlangte bekanntlich das genaue Gegenteil, sie war schon ein moralischer Abwehrreflex, der freilich gegenüber den sozialökonomischen Verhältnissen ohnmächtig bleiben mußte.[15] Die Beziehungen der Menschen zueinander und zum sozialen Ganzen können so lange nicht radikal geändert werden, wie die kapitalistische Gesellschaftsordnung besteht. Mit ihrer Abschaffung aber würde – so war Marx überzeugt – eine Gesellschaft *möglich* werden, »worin die freie Entwicklung eines jeden, die Bedingung für die freie Entwicklung aller ist« (*Kommunistisches Manifest*).

Nur einmal hat Marx eine zusammenhängende Schilderung der unentfremdeten Arbeit in einer »menschlichen Gesellschaft« versucht, in seinen *Exzerptheften* (1844 oder 1845). Dort heißt es: »Gesetzt wir hätten als Menschen produziert [...]. Jeder von uns hätte in seiner Produktion sich selbst und den anderen doppelt bejaht. Ich hätte 1. in meiner Produktion meine Individualität, ihre Eigentümlichkeit vergegenständlicht und daher sowohl während der Tätigkeit eine individuelle Lebensäußerung genossen als im Anschauen des Gegenstandes die individuelle Freude, meine Persönlichkeit als gegenständliche, sinnlich anschaubare und darum über allen Zweifel erhabene Macht zu wissen, 2. in deinem Genuß, oder deinem Gebrauch meines Produkts hätte ich unmittelbar den Genuß, sowohl des Bewußtseins, in meiner Arbeit ein menschliches Bedürfnis befriedigt, als das menschliche Wesen vergegenständlicht und daher dem Bedürfnis eines anderen menschlichen Wesens seinen entsprechenden Gegenstand verschafft zu haben, 3. für dich der Mittler zwischen dir und der Gattung gewesen zu sein, also von dir selbst als eine Ergänzung deines Wesens und als ein notwendiges Teil deiner selbst gewußt und empfunden zu werden, also sowohl in deinem Denken wie in deiner Liebe mich bestätigt zu wissen, 4. in meiner individuellen Lebensäußerung unmittelbar deine Lebensäußerung geschaffen zu haben, also in meiner Tätigkeit unmittelbar mein wahres Wesen, mein menschliches, mein Gemeinwesen bestätigt und verwirklicht zu haben. Unsere Produktionen wären ebenso viele Spiegel, woraus unser Wesen sich entgegenleuchtete.«[16] Als Marx diese Schilderung der menschlichen Beziehungen in einer nichtentfremdeten Welt formulierte, wußte er noch nicht, wie die Struktureigentümlichkeiten der kapitalistischen Produktionsweise aussehen. Aber das nimmt dieser Antizipation nichts von ihrer Bedeutung. Zugleich wird hier erkennbar, daß die schöpferische Umgestaltung der Natur durch den Menschen in einer postrevolutionären Gesellschaft nicht nur beibehalten, sondern sogar erst zu freier, beglückender Entfaltung kommen wird. Es kann kaum geleugnet werden, daß Marx später die Möglichkeit einer vollständigen Verwandlung der Arbeit in freiwillig geleistetes und glücklich machendes schöpferisches Tun skeptischer beurteilt hat. Zwar spricht er im Ersten Band des *Kapital* davon, daß schon die Entwicklung der Industrie dazu zwinge, die vollständige Unterordnung der Individuen unter eine Detailfunktion aufzugeben und sie vielseitig auszubilden, damit sie den wechselnden Anforderungen der sich rasch ändernden Technik gewachsen sind, aber im dritten Band heißt es ausdrücklich, »die Freiheit in diesem Gebiet [im Bereich der Produktion der notwendigen Lebensmittel, I. F.] kann nur darin bestehn, daß der verge-

sellschaftete Mensch, die assoziierten Produzenten, diesen ihren Stoffwechsel mit der Natur rationell regeln, unter ihre gemeinschaftliche Kontrolle bringen, statt von ihm als von einer blinden Macht beherrscht zu werden; ihn mit dem geringsten Kraftaufwand und unter den, ihrer menschlichen Natur würdigsten und adäquatesten Bedingungen vollziehn. Aber es bleibt dies immer ein Reich der Notwendigkeit. *Jenseits* desselben beginnt die menschliche Kraftentwicklung, die sich als Selbstzweck gilt, *das wahre Reich der Freiheit*, das aber nur auf jenem Reich der Notwendigkeit als einer Basis aufblühn kann. Die *Verkürzung des Arbeitstages ist die Grundbedingung.*«[17]
Für den frühen Marx war es offenbar denkbar, daß diese »notwendige Arbeit«, durch die von den assoziierten Produzenten die Lebensmittel für alle erzeugt werden, von den Individuen frei, als Ausdruck eines spontanen körperlichen wie seelischen Bedürfnisses, geleistet wird. Dieser Gedanke scheint im *Kapital* verschwunden zu sein. Die Teilung in ein Reich der Notwendigkeit, das Feld notwendiger gesellschaftlicher Arbeit ist, und ein Reich der Freiheit, das in der Freizeit angesiedelt wird, stammt aus der bürgerlichen Begriffswelt und ist hier in Marxens Denken eingedrungen. In den Grundrissen hatte Marx zwar Fouriers Auffassung, aus Arbeit könne Spiel werden, verworfen, dennoch hatte er damals noch ausdrücklich bemerkt, Arbeit werde sich in »travail attractif, Selbstverwirklichung des Individuums verwandeln, sobald die objektiven und subjektiven Bedingungen hierfür geschaffen seien«.[18] Diese Bedingungen sind 1. »daß ihr gesellschaftlicher Charakter gesetzt ist, 2. daß sie wissenschaftlichen Charakters, zugleich allgemeine Arbeit ist, nicht Anstrengung des Menschen als bestimmt dressierte Naturkraft, sondern als Subjekt, das in dem Produktionsprozeß nicht in bloß natürlicher, naturwüchsiger Form, sondern als alle Naturkräfte regelnde Tätigkeit erscheint«.[19]
Es sieht so aus, als tendiere die technische Entwicklung auf einen Zustand, in dem Arbeit tatsächlich diesen beiden

Bedingungen entsprechen könnte. Der Marx der *Grundrisse* könnte gegen den des *Kapital* recht behalten.[20]
Eine wesentliche Präzisierung der Vorstellungen von einer freiheitlichen und kommunistischen Zukunftsgesellschaft verdanken wir Herbert Marcuse. Er hat die Freudsche Erkenntnis über die Triebstruktur des Menschen mit der Marxschen über die historische Veränderlichkeit der Sozialformationen kombiniert und den Menschentypus der Zukunft geschildert, der das »Realitätsprinzip« hinter sich gelassen hat. Die europäische Zivilisation (aber nicht allein sie) beruht auf der Unterdrückung des Lustprinzips und der damit ermöglichten Verwandlung des Leibes in ein neutrales Instrument der Arbeit. Dieser Triebverzicht wird dem Einzelnen durch die Erziehung zugemutet und pflegt schon in der frühen Kindheit in Form der Moral verinnerlicht zu werden. Sigmund Freud wußte, daß damit das Risiko zahlreicher seelischer Erkrankungen und ein erheblicher Glücksverlust verbunden ist, aber seine bürgerlich-tragische Auffassung ließ ihn annehmen, daß jede Kultur, jede menschenwürdige Existenz auf derartigem Triebverzicht beruhen müsse. Herbert Marcuse stellt nun – im Gegensatz zu Freud – fest, daß diese »traumatische Verwandlung des Organismus in ein Instrument entfremdeter Arbeit nicht die physische Bedingung der Kultur als solcher, sondern [lediglich, I. F.] der Kultur als Herrschaft [...] ist.«[21] Solange die menschliche Arbeitsproduktivität gering war, mußten die Arbeitslasten ungleich verteilt werden, wenn wenigstens einer Minderheit der Erwerb künstlerischer und wissenschaftlicher Fertigkeiten und Einsichten ermöglicht werden sollte. Die alten Hochkulturen waren auf dem Leid der Bevölkerungsmehrheit aufgebaut und auf Triebverzicht angewiesen. Die gewaltige Vermehrung der Produktivität menschlicher Arbeit macht aber eine solche ungleiche Verteilung der Lasten und einen solchen Triebverzicht *heute* (in den hochindustrialisierten Staaten zumindest) überflüssig und irrational. Die unbefriedigende Arbeit kann auf ein

Minimum reduziert werden, »dann aber schlägt Quantität in Qualität um, freie Zeit kann zum Lebensinhalt und Arbeit zum freien Spiel menschlicher Fähigkeiten werden. Damit würde aber die repressive Triebstruktur ebenfalls aufgesprengt: die nicht mehr in unbefriedigender Arbeit aufgefangene Triebenergie würde frei werden und als Eros auf die Verallgemeinerung libidinöser Beziehungen und die Entfaltung einer libidinösen Kultur drängen.«[22]
Schöpferische Tätigkeit in dieser befreiten Welt wäre nicht mehr durch sozialen Druck und moralische Selbstvergewaltigung bedingt, sondern würde gleichsam selbst erotische Qualität annehmen. Wie bei den Pueblo-Indianern könnten erneut Freundlichkeit, Zärtlichkeit und Glück die Beziehungen der Menschen untereinander, ihre Arbeit und ihr Verhältnis zur Natur-Kultur bestimmen. Damit wäre Arbeit in dem uns bisher bekannten Sinn verschwunden. Der leidenschaftlichen Natur des Menschen abgerungene Leistungen würden unnötig, und an ihre Stelle könnten – ähnlich wie Fourier es erträumte – Handlungen und Verhaltensweisen treten, die direkter Ausdruck natürlicher Triebe sind, die aber, weit davon entfernt, Konflikte zu stiften, ein wirklich harmonisches Zusammenleben erst ermöglichen. Was Fourier übersah, war die Tatsache, daß die menschliche Triebstruktur ebenso historisch variabel ist wie die Arbeitsverfassung und daher die Notwendigkeit entfällt, für tausend künstliche Triebe eine sozial angepaßte Betätigungsweise zu suchen, die mit der »Zivilisation«, das heißt mit der auf der ungleichen Verteilung knapper Ressourcen über den Markt beruhenden Gesellschaftsordnung, verschwinden werden. Alle Einwände gegen diese Zukunftsvision gehen von der Unveränderlichkeit der menschlichen Triebstruktur aus oder von der Annahme, daß nur durch bewußte erzieherische Eingriffe diese Struktur modifiziert werden könnte. Völkerkunde und Anthropologie machen deutlich, daß es sehr unterschiedliche Triebstrukturen gegeben hat, Interesse an der Aufrechterhaltung von Herrschaft läßt hingegen die

gegenwärtig in West wie Ost dominierende Triebstruktur als »ewig« erscheinen. Ungelöst ist lediglich das Problem des Übergangs: Wie soll eine vollständige Befreiung der Triebe ohne verhängnisvolle Konsequenzen möglich sein, solange die Triebe durch die zivilisatorischen Anforderungen noch so stark deformiert sind? Wie soll die neue Triebstruktur sich bilden können – außer in vollständiger Freiheit? Wie sollen jene neuen Menschen fähig sein, mit der Technik umzugehen, die doch Produkt von Wesen ist, die unter Triebverzicht, am Realitätsprinzip orientiert, produziert haben? Muß nicht auch die Technik selbst sich ändern? Mir scheint, der Sprung in die neue Welt kann nur »schrittweise« erfolgen. Ein schrittweiser Sprung aber erschiene mir weniger paradox als ein absoluter Stillstand.

Anmerkungen

1 Vgl. Ruth Benedict, *Urformen der Kultur*, Hamburg 1955, S. 48 ff.
2 Friedrich Kluge / Alfred Götze, *Etymologisches Wörterbuch der deutschen Sprache*, Berlin 1953, S. 30.
3 Franz Freiherr v. Lipperheide, *Spruchwörterbuch*, Berlin 1907, S. 23–28.
4 Vgl. Lewis Chester / Godefrey Hodgson / Bruce Page, *Was ist das für ein Land! Der Kampf ums Weiße Haus*, Hamburg 1969, S. 468 f.; und Norman Mailer, *Nixon in Miami und die Belagerung von Chicago*, Reinbek bei Hamburg 1969.
5 Thomas Morus, *Utopia*, Leipzig o. J., S. 80 ff.
6 Thomas Campanella, *Der Sonnenstaat*, Berlin 1955, S. 60.
7 Claude-Henri de Rouvroy Comte de Saint-Simon, *Œuvres*, Bd. 1, ed. par Olinde Rodrigues, Paris 1841, S. 220 f.
8 Charles Fourier, *Manuscrits*, Bd. 1, Paris 1851, S. 208.
9 Charles Fourier, »Théorie d'Unité Universelle«, Bd. 2, in: *Œuvres complètes*, [Introd. par S. Oleskiwicz], Bd. 3, 1966 (Nachdr. der Ausg. von 1841), S. 249.
10 Ebd., S. 15.
11 Vgl. Charles Fourier, *Théorie des Quatres Mouvements et des*

destinées générales. Prospectus de la découverte. Leipzig [d. i. Lyon] 1808.

12 Zit. nach: Elisabeth Lenk, »Einleitung«, in: Charles Fourier, *Theorie der vier Bewegungen*, Frankfurt a. M. 1966, S. 37.

13 Ebd., S. 41.

14 Vgl. in den *Ökonomisch-philosophischen Manuskripten aus dem Jahre 1844* (»Pariser Mss.«): »Das Große an der Hegelschen ›Phänomenologie‹ und ihrem Endresultate – der Dialektik der Negativität als dem bewegenden und erzeugenden Prinzip – ist also einmal, daß Hegel die Selbsterzeugung des Menschen als einen Prozeß faßt, die Vergegenständlichung als Entgegenständlichung, als Entäußerung und als Aufhebung dieser Entäußerung; daß er also das Wesen der Arbeit faßt und den gegenständlichen Menschen, wahren, weil *wirklichen Menschen, als Resultat seiner eigenen Arbeit begreift*«, Karl Marx / Friedrich Engels, *Werke*, Erg.-Bd. »Schriften bis 1844«, T. 1, Berlin [Ost] 1968, S. 574.

15 Immanuel Kant: »Handle so, daß du die Menschheit, sowohl in deiner Person als in der Person eines jeden anderen, *jederzeit zugleich als Zweck, niemals bloß als Mittel brauchst*« (*Sämtliche Werke*, hrsg. von Karl Vorländer [u. a.], Bd. 3, Leipzig 1923, S. 52 f.). Neukantianische Marxisten (wie Karl Vorländer, Staudinger u. a.) haben geglaubt, auf diese Kantische Moral gestützt, erfolgreiche Sozialkritik und Sozialreform propagieren zu können. Sie übersahen das Entscheidende: den Systemzwang, der moralisch nicht zurechenbare Verhaltensweisen determiniert.

16 Karl Marx / Friedrich Engels, *Gesamtausgabe*, Bd. 1, T. 3, S. 546 f. Jetzt auch in: Marx/Engels, *Werke*, Erg.-Bd., T. 1, S. 462 f.

17 Marx/Engels, *Werke*, Bd. 17, Berlin [Ost] 1962, S. 828.

18 Karl Marx, *Grundrisse der Kritik der politischen Ökonomie*, Berlin [Ost] 1953, S. 505.

19 Ebd.

20 Freilich bleibt die radikale Veränderung der Sozialstruktur Voraussetzung für die objektive Nützung dieser Chance [Zusatz 1983].

21 Herbert Marcuse, »Trieblehre und Freiheit«, in: *Freud und die Gegenwart. Ein Vortragszyklus der Universitäten Frankfurt a. M. und Heidelberg zum 100. Geburtstag*, mit Beitr. von Franz Alexander [u. a.], Frankfurt a. M. 1957, S. 418.

22 Ebd., S. 420.

Vom Sinn der Endlichkeit menschlichen Lebens

»Media in vita in morte sumus.« Diese Wahrheit war für die Menschen Europas noch bis vor hundert Jahren weit mehr als eine ständig verdrängte wissenschaftliche Einsicht. Sie alle lebten mit dem Tode und unter Sterbenden. Kinder und Eltern, Großeltern und Anverwandte starben im Regelfall umgeben von ihren Angehörigen – nicht isoliert und einsam in hochtechnisierten und sterilen Kliniken, in einer künstlichen, oft als irreal empfundenen Sonderwelt. Noch heute wird der Tod in romanischen Ländern – vor allem soweit sie noch nicht hochindustrialisiert sind – weniger sorgfältig vor den Blicken der Weiterlebenden »verborgen«. Mit Feierlichkeit und Prunk tritt er ins Dasein von Nachbarn, Freunden und Anverwandten als ein Stück keineswegs schamhaft zu verbergender, natürlicher Realität. In den protestantischen und hochindustrialisierten Ländern und Regionen ist das anders. In den USA kennt man vielfach nicht einmal Leichenwagen, sondern holt die Toten in sorgfältig getarnten Taxis ab und läßt die Verstorbenen von geschickten Kosmetikern auf täuschende und makabre Weise zu lebendig scheinenden Puppen präparieren. So sehr scheut man sich vor dem Anblick des Todes, so sehr verdrängt man dort den Gedanken an die eigene Endlichkeit, der durch den Anblick des Todes so leicht ausgelöst wird.

Woher kommt dieses krampfhafte Wegblicken, diese fehlende (oder verlorengegangene) Bereitschaft, die Endlichkeit unseres Daseins anzuerkennen, ihr ins Auge zu sehen? Es ist nicht Trauer um den Verlust des Verstorbenen, die aus liebender Identifikation mit ihm resultieren würde, sondern vielmehr Angst vor dem eigenen Tode, die uns das Sterben und die Toten verstecken läßt. Mir scheint, hinter dieser Angst steckt eine ähnliche »Unfähigkeit zu trauern«, wie sie Alexander Mitscherlich den Deutschen, namentlich den ehemaligen Nazis und ihren Mitläufern, bescheinigt hat.

Gewiß, die sozialen und technologischen Lebensbedingungen des zeitgenössischen Großstädters haben die Kleinfamilie in Kleinwohnungen, die Herauslösung der Alten in Pflegeheime, der Entbindungen in Frauenkliniken und die ärztliche Betreuung der Todkranken in Hospitälern und Intensivstationen mit sich gebracht.

Nicht die Unwilligkeit der Menschen, Leiden und Tod naher Verwandter aus der Nähe mitzuerleben, sondern die soziale Entwicklung zur Kleinfamilie und die technologischen Errungenschaften der modernen Medizin, die in vielen Fällen nur in Hospitälern voll genutzt und bereitgestellt werden können, standen am Anfang. Aber was aus den Entwicklungstendenzen der modernen Welt resultierte, hat Rückwirkungen auf Mentalität und Haltung der Menschen gehabt.

Diese Mentalität und diese Haltung werden aber nicht allein durch die Kleinstfamilie und ihre Distanz gegenüber Alter, Krankheit und Tod geprägt, sondern vor allem durch die Erfahrung des Konkurrenzkampfes isolierter Individuen, eines Konkurrenzkampfes, der sich im Zeichen des Oligopols und der sogenannten Überflußgesellschaften immer mehr von der Produktions- in die Konsumsphäre verlagert hat. Längst geht es für die überwältigende Mehrheit der Menschen in den Industrieländern bei diesem Kampf nicht mehr ums schiere Überleben, sondern um Prestige und Status, Luxus und Geltung. Wo Anerkennung nicht mehr durch berufliche Leistung und gestaltende Arbeit erlangt werden kann, tritt das Streben nach Anerkennung aufgrund ostentativen Konsums und exhibierten Glücks an deren Stelle. In ihrem Selbstverständnis haben sich die Menschen der Konsumgesellschaft weitgehend den Klischees angepaßt, die Konsumgüter- und Dienstleistungswerbung entworfen und ihnen ständig suggeriert haben. Möglichst lange suchen sie so jung und gesund auszusehen, wie es die Kosmetikwerbung darstellt, aus dem Urlaub so braun heimzukehren, wie es der Reiseprospekt verhieß. Oft läßt sich die große

Anstrengung nur schlecht verbergen, die es den einzelnen kostet, sich dem Klischee-Ideal der Werbung anzupassen, nicht allzu sehr hinter ihm zurückzubleiben. Für (noch dazu sichtbar) alternde Menschen ist in dieser Werbe-Glückswelt kein Platz, noch weniger für Schwerkranke oder vom Tod Gezeichnete. Das Alter hat seine ihm eigene Würde und sein Ansehen, der Tod (scheinbar) seine Bedeutung verloren. Gleichzeitig werden gewaltsame Tötungen fast täglich im Fernsehen oder im Film vorgeführt, aber stets mit der unausgesprochenen Unterstellung, daß diese Art des Todes uns selbst, Gott sei dank, nichts angehe. Von der weit alltäglicheren und realeren Art des Todes durch Autounfälle sieht man im Fernsehen fast nichts. Der Fernsehzuschauer könnte sich hier unangenehm betroffen fühlen. Aber auch die Toten der Fernsehkrimis – erschossen oder vergiftet – zeigen sich im allgemeinen in einer kosmetisch frisierten, kaum entstellten Gestalt. Der ferne, keinen selbst angehende Krimitote bleibt zugleich ästhetisch akzeptabel. Die Realitätsferne ist doppelt garantiert: durch die Unwahrscheinlichkeit des kriminellen Geschehens (am deutlichsten im Fall der Weltraumkrimis) und durch die geschönte Sauberkeit der Fernsehleichen. – Der »normale«, alltägliche Tod durch Krankheit, infolge Altersschwäche, Herzinfarkt, Krebs, wird im Fernsehen nicht gezeigt. Hinfälligkeit und Alter werden sorgfältig bemäntelt. Jugend und Jugendlichkeit gelten beinahe generell als absoluter und undiskutabler Wert, sonst würden nicht so viele Alte Wert darauf legen, jünger zu erscheinen, als sie an Jahren sind. Diese Wertminderung des Alters fällt zusammen mit einem ständigen Wachstum des Anteils der über Sechzigjährigen an der Gesamtbevölkerung. In Österreich waren 1960/62 18,8 % der Bevölkerung mehr als sechzig Jahre alt, 12,6 % über 65; in England waren es 17,2 und 11,8 %. Die durchschnittliche Lebenserwartung der Franzosen wird im Jahre 1985 71,5 Jahre für Männer und 77,2 für Frauen betragen.[1] Es gibt immer mehr Alte, aber das Alter (seine Erfahrung, Reife, Urteilsfähigkeit) wird immer weniger geschätzt. Höhere Angestellte über fünfzig Jahre finden kaum noch einen neuen Arbeitsplatz, der »junge, dynamische Chef« wird im Regelfalle dem älteren und womöglich erfahreneren vorgezogen.[2] Natürlich gibt es auch für dieses Phänomen rationale, scheinbar zwingende Gründe. Die rasche wissenschaftliche und technologische Entwicklung und die stürmische Veränderung weltwirtschaftlicher und weltpolitischer Konstellationen erlaubt immer seltener – so lautet etwa eine These – den Rückgriff auf Erfahrungswissen bei der Entscheidung über erfolgreiche Taktiken und Planungen. Stets erneuertes und erweitertes Wissen und Können, Flexibilität und Elastizität sind nötig, alles Eigenschaften, die dem Alter kaum zugetraut werden. Neuere Untersuchungen haben freilich gezeigt, daß diese Bewertung des Alters auf einer Mystifikation beruhte. Einige Firmen berichten jetzt, daß ältere Angestellte höhere Leistungen, kontinuierlichere und zuverlässigere Arbeit erbrachten als jüngere. Bei der Ablehnung von Neueinstellungen aus den höheren Altersgruppen war man dem verbreiteten Klischee, das Jugendlichkeit zum obersten Wert deklariert, allzu bereitwillig aufgesessen.[3]

Ich glaube nicht, daß es allzu weit hergeholt ist, wenn man die Abwertung des Alters auch als einen anderen Ausdruck der Angst vor dem eigenen Tode deutet und zugleich als eine Folge des immer einseitiger materiell (biologisch) werdenden Selbstverständnisses der Menschen. Durch dieses auf die eigene biologische Existenz und ihre Konsumfähigkeit eingeschränkte Selbstbewußtsein muß der Gedanke an die eigene Hinfälligkeit und Endlichkeit so schmerzhaft werden, daß er offenbar nicht mehr ertragen werden kann. Es könnte sein, daß die an den Arzt gerichtete Forderung, das menschliche Leben (d. h. die physiologischen Lebensfunktionen) über die Phase der möglichen Wiederherstellbarkeit des Bewußtseins hinaus zu verlängern, mit diesem biologistischen Selbstverständnis des Menschen zusammenhängt. Ebenso könnte auch die ethisch motivierte Hemmung des

Arztes, eine solche »Lebensverlängerung« – auch dort, wo sie nur in einer Aufrechterhaltung rein biologischer Prozesse des Leibes (nach Absterben der Gehirnzellen) besteht – zu unterlassen, auf ein biologistisch verengtes Menschenbild zurückgehen. Wahrscheinlich wäre es unrealistisch, wollte man diesem Menschenbild gegenüber auf die Anthropologie der Hochreligionen rekurrieren, die den Menschen in bezug auf Transzendenz sehen und – wie problematisch auch immer – seinem Wesen damit eine Dignität verleihen, die von der Hinfälligkeit der biologischen Existenz unabhängig ist. Mir scheint aber, es müßte möglich sein, auch auf der Basis eines nichttheologischen Humanismus zu einer anderen und befriedigenderen Auffassung vom Menschen, seiner Endlichkeit, seiner Würde, seinem – historisch veränderlichen, aber doch nicht beliebig manipulierbaren – Wesen zu gelangen. Allein auf der Grundlage einer solchen Auffassung und Selbstauffassung des Menschen könnte eine ruhigere und gelassenere Haltung gegenüber der eigenen Endlichkeit und damit vielleicht auch eine aufgeklärte und verantwortliche Einstellung zum Problem der »Lebensverlängerung« über den Zeitpunkt der unwiederbringlichen Zerstörung der Bewußtseinsmöglichkeit hinaus gefunden werden.

Als Menschen existieren wir alle nur in dem Maße, wie wir mit anderen Menschen und mit »Vermenschlichtem« (d. h. von Menschen sinnvoll für menschlichen Gebrauch gestalteten Dingen) kommunizieren. Menschliche Existenz ist soziale Existenz, sie ist es auch dort und dann noch, wo sie sich in Einsamkeit zurückzieht. Einsamkeit ist eine Form menschlichen Existierens, weil und solange sie in Reflexion und Kontemplation, Aktivität und Erinnerung auf andere Menschen (sei es gleichzeitig lebende, vergangene oder künftige) bezogen bleibt. Denken ist unmöglich ohne Begriffe, die durch Sprache – und das heißt durch zwischenmenschliche Kontakte und Überlieferung – vermittelt sind.

Handgreiflicher noch: wir alle vermögen das Leben, das wir heute führen und das allein uns (bei aller Kritikbedürftigkeit) menschenmöglich und erträglich erscheint, nur zu führen, weil eine ständig noch wachsende Zahl arbeitsteilig aufeinander bezogener Individuen dazu beiträgt, es zu »produzieren«. Wenn nun im vollen Sinne menschlich nur der lebt, der bewußt existiert, dann können wir einfach von der sozialen Dimension unseres Daseins gar nicht abstrahieren. Genau so, wie wir alle (trotz der die Heraufkunft der modernen, arbeitsteiligen Weltzivilisation begleitenden Sehnsüchte nach einem robinsonhaften Naturzustand) auf immer zahlreichere kooperierende Mitmenschen angewiesen sind, ohne die wir weder Menschen werden noch bleiben könnten, bedürfen wir auch der Bestätigung und Anerkennung unserer eigenen Menschlichkeit durch (wenigstens einige) Mitmenschen. Nur die Bestätigung und Anerkennung unseres Selbstverständnisses durch Mitmenschen läßt uns innere Gewißheit als sichere Wahrheit erfahren. Allein im Spiegel gleichberechtigter Mitmenschen, so hat Hegel in der *Phänomenologie des Geistes* diesen Gedanken formuliert, gelangen wir zur »Wahrheit der Gewißheit unserer selbst«.[4] Allein ebenbürtige Mitmenschen können uns darüber vergewissern, daß wir (und was wir für) Menschen sind. Die Notwendigkeit solcher Bestätigung und Versicherung unserer Selbstgewißheit (die immer mit Skepsis gemischt ist) ist es auch, die hinter dem oben erwähnten Wettbewerb um Ansehen durch Prestigekonsum (Autos, Reisen, Sammlungen usw.) steckt. Wir alle leben für die bestätigende Anerkennung unserer Mitmenschen und von ihr. Wem Anerkennung ganz versagt bliebe oder wer sie aus keinem Lächeln, keinem Wort, keiner ermunternden Zustimmung seiner Mitwelt glaubte ablesen zu können, der versänke vielleicht in Schwermut, wenn er sich nicht künftige (oder jenseitige) Anerkennung auszumalen wüßte, die ihm einen Ersatz für die fehlende seiner Zeitgenossen leistet. Ganz ohne irgendeine Art realer (oder imaginierter) Bestäti-

gung und Anerkennung können wir einfach nicht existieren.
So sehr wir alle auf Anerkennung und Bestätigung angewiesen sind, so sehr scheinen die meisten Menschen in den hochindustrialisierten zeitgenössischen Gesellschaften die Fähigkeit, ihrerseits anzuerkennen, verloren zu haben. Was Jean-Paul Sartre in *L'Etre et le Néant* als heillose Dialektik der Liebe geschildert hat, kann man als eine Beschreibung der charakteristischsten sozialen Krankheit unserer Zeit verstehen. Liebe reduziert sich nämlich in dieser phänomenologischen Deskription auf »Geliebt-werden-Wollen«, »Für-den-anderen-absoluter-Wert-sein-Wollen«. Alle Aktivität des »Liebenden« erweist sich als der Versuch, beim anderen solche (absolute) Liebe zu sollizitieren. Wenn nun aber der andere seinerseits Liebe nur als »Geliebt-werden-Wollen« kennt, dann muß dieser Versuch des Zueinander-Kommens notwendig immer wieder scheitern. An die Stelle eines von beiden abwechselnd geleisteten Wechselspiels von Geben und Nehmen, von Hingabe und Aufnahme tritt der immer wieder mißlingende Versuch gegenseitiger Manipulation.[5] Der Manipulierende weiß aber selbst (auch wenn er es sich zu verbergen sucht), daß er den anderen listig hintergangen hat. Manipulation kann sicher viel erreichen, aber auf keinen Fall befriedigende Anerkennung (als real erfahrbare Liebe). Die Basis der auf diese Weise erzielten Anerkennung oder Liebe ist ein Betrug, und aus solch erschlichener Liebe kann nie die »Wahrheit der Gewißheit unserer selbst« resultieren. Voraussetzung für wirklich befriedigende (Wahrheit vermittelnde) Anerkennung ist die Akzeptierung von Gleichheit. Gleichheit schließt Überlistung (die eine Form der Überwältigung ist) notwendig aus. Gegen die Anerkennung von Gleichheit scheint sich im zeitgenössischen Menschen der Industriegesellschaft etwas zu sperren. Sein ganzes Streben geht auf Bevorzugung, Übervorteilung, Überflügeln, Niederkonkurrieren aus, wie soll er da im Mitmenschen den Gleichen erkennen und anerkennen? Unleugbar gleich sind

wir aber alle, insofern wir sterblich und endlich sind. Als Sterbliche miteinander kommunizierend erfahren wir uns als Gleiche, durch diese Gemeinsamkeit Verbundene. Indem der zeitgenössische Mensch den Gedanken an seine eigene Endlichkeit verdrängt, verdrängt er auch eine wesentliche Basis der Gleichheit. Wie sehr Menschlichkeit, menschliche Erfahrungswelt und Gefühlsmöglichkeit von realer Endlichkeit abhängig sind, hat Simone de Beauvoir in einem interessanten Roman mit dem Titel *Tous les hommes sont mortels* (1946) zu illustrieren versucht.

Der Roman schildert, wie der Carmonenser Fosca, der durch die Einnahme eines Lebenselixiers unsterblich geworden ist, damit auch mehr und mehr die Fähigkeit verliert, an der Welt der Menschen teilzunehmen und von ihnen geliebt, anerkannt, bejaht, als Freund verstanden zu werden. Im Gespräch mit einem der vielen, immer wieder verlorengehenden Freunde, dem Frankokanadier Carlier, spricht Fosca aus, was alles ihm durch den Gewinn eines ewigen (irdischen) Lebens verlorengegangen ist: »Wie gerne wäre ich unsterblich«, erklärt Carlier. »Das dachte ich auch einmal«, entgegnet Fosca. »Dann wäre ich ganz sicher, die Durchfahrt nach China zu finden.« »Nein«, erwidert Fosca, »bald würdest du dich nicht mehr für China interessieren, du würdest dich für nichts mehr interessieren, *weil du allein wärst* auf dieser Welt. *Nie hatte ich einen Freund*, die Männer haben mich immer wie einen *Fremden* betrachtet oder wie einen *Toten.*« Die Aussage Foscas scheint paradox: Der Unsterbliche wird von den Sterblichen wie ein Toter behandelt. Aber deren Verhalten ist nur konsequent. Fosca gehört nicht der Welt der Menschen an. Kein Opfer – keine Tapferkeit, keine Hingabe für Freunde oder eine Geliebte, für Frau oder Kinder, soziale und politische Ideale – hat noch den gleichen Sinn, wie wenn es von Sterblichen gebracht wird. Sein Tun und Verhalten verliert den letzten Ernst und damit auch (in den Augen der anderen und in seinen eigenen) seinen Wert. Er kann sich noch so sehr bemühen, keine seiner Gaben kommt der eines sterblichen Menschen gleich, der immer auch ein Stück von sich selbst hingibt. Vor der Unendlichkeit seines künftigen Lebens wird alles zunichte. Sein (begrenzter) materieller Reichtum wird ergänzt und überboten durch seine Enthobenheit von biologischen Schranken. »Nicht essen, nicht schlafen, Vermögen und Zeit hergeben«, so reflektiert Fosca über seine Mitmenschen, »bedeutet für sie nicht dasselbe wie für mich, ich log ihr [der Freundin, I. F.] etwas vor.« Und wenig später sagt er von seiner Frau Marianne: »Trotz aller meiner Liebe war ich von anderer Art, jeder sterbliche Mensch stand ihr im Grunde näher als ich.« Je mehr sich Fosca an seinen neuen Status als »Unsterblicher« gewöhnt, desto weiter schwinden seine Fähigkeiten, wie ein (endlicher, sterblicher) Mensch zu empfinden. Er endet in Stumpfheit und Verzweiflung, weil kein Abenteuer, kein Kampf, kein Ideal ihn mehr zu interessieren vermögen. Der Roman schließt mit den Sätzen: »Ich hatte nichts zu hoffen, ich ging zur Tür hinaus [...]. Ich konnte mein Leben nicht einsetzen, ich konnte nicht mit ihnen lächeln, nie waren Tränen in meinen Augen, nie Feuer in meinem Herzen. Ein Mensch von nirgendwoher, ohne Vergangenheit, ohne Zukunft und ohne Gegenwart. Ich wollte nichts, ich war niemand.«

Das eindrucksvolle Gegenbild des notgedrungen in Verzweiflung endenden Unsterblichen dient Simone de Beauvoir als Hinweis auf die positive Bedeutung der Endlichkeit menschlichen Lebens. Nur die Endlichkeit unserer Existenz verleiht jedem Augenblick, jedem Tag, jeder Geste, jeder Handlung, jedem Plan, jeder Hoffnung menschlichen Charakter, Bedeutsamkeit und Gewicht. Nur im Bewußtsein solcher Endlichkeit und Begrenztheit erfahren wir die Mitmenschen und uns selbst als deutlich konturierte, reale Wesen. Das Unendliche und Grenzenlose, von dem wir so gerne träumen, entzieht sich unserer Erfahrungsmöglichkeit, eigentlich sollte uns vor ihm grauen. Ein unsterblicher Mensch wäre ein Monstrum. Nur als Endliche können wir unseren Gefühlen, Taten und Plänen Gewicht und einen unaufhebbaren Ernst verleihen, wie kein Unsterblicher es vermöchte. Deshalb auch bekommt der Opfertod Jesu erst durch die vollständige Menschlichkeit seinen ganzen Ernst und sein volles Gewicht. So human in ihren Leidenschaften und Schwächen auch immer die griechischen Götter gewesen sein mögen, durch ihre Unsterblichkeit blieben sie viel weiter von den Menschen entfernt als der inkarnierte, das heißt vermenschlichte, verendlichte, sterblich gewordene christliche Gottessohn. Angesichts eines unsterblichen Wesens von menschlicher Gestalt könnten wir nicht jene Rührung, Anteilnahme und Identifikation erfahren, die uns beim Anblick eines jungen, vielfach gefährdeten und zarten Kindes erfaßt. Der Unsterbliche ist ein Anderer, und vor dem Auge des Unsterblichen muß umgekehrt alles Streben, Leiden, Sterben und Kämpfen der sterblichen Menschen wie ein fades Wechselspiel, eine geist- und sinnlose Komödie erscheinen.

Was am Extremfall des vereinsamten Unsterblichen unter den sterblichen Menschen gezeigt wurde, gilt – bis zu einem gewissen Grade – auch für andere Ungleichheiten zwischen den Menschen. Volle, befriedigende, dauerhafte Anerkennung setzt Gleichheit voraus. Das gilt jedenfalls, seit eine festgefügte, natürliche (oder göttliche) Hierarchie unter den Menschen mit unserem Weltbild nicht mehr vereinbar ist. Von solcher Gleichheit (die nicht Gleichartigkeit, Identität von Anlagen, Fähigkeiten usw. meint, sondern Gleichberechtigung, gleiche Würde, gleichen Wert) sind freilich alle zeitgenössischen Gesellschaften in ihrer Praxis weit genug entfernt. Noch immer mag für die meisten jene nüchterne Beschreibung zutreffen, mit der Thomas Hobbes einst das Leben seiner Landsleute beschrieb:

»Der Vergleich eines Menschenlebens mit einem *Wettrennen* ist nicht in jedem Punkte zutreffend, eignet sich aber für unseren Zweck so gut, daß wir dadurch fast alle vorher erwähnten Affekte sehen und uns ihrer erinnern können. [Hobbes hatte unter anderem die Affekte Stolz, Ehrgeiz, Dünkel, Eitelkeit, Eifersucht und Neid, aber auch Mitleid, Herzensgüte und Liebe behandelt, die erste Gruppe von Affekten dominierte aber eindeutig, I. F.] Dies Rennen darf aber kein anderes Ziel, keinen anderen Ruhm als den kennen, *an erster Stelle zu stehen*, und darin ist:

Streben Verlangen;
Träge sein Sinnlichkeit;
Andere hinter sich sehen Stolz;
Sie vor sich sehen Demut;
Den Boden mit Rückwärtsschauen verlieren Eitelkeit;
Angehalten werden Haß;
Umkehren Reue;
Atem haben Hoffnung;
Müde sein Verzweiflung;
Streben, den nächsten zu überflügeln, Eifersucht;
Ersetzen oder Verdrängen Neid;
Plötzlich fallen ist Neigung zum Weinen;
Einen anderen plötzlich fallen sehen Neigung zum Lachen;
Jemanden überwunden sehen, von dem wir dies nicht wünschen, Mitleid;
Jemanden siegen sehen, von dem wir dies nicht wünschen, Entrüstung;
[...]
Stets besiegt werden Unglück;
Stets den Nächsten vor uns besiegen ist Glück;
Und *das Rennen aufgeben heißt sterben.*«[6]

Die von Hobbes beschriebenen Affekte sind solche, die in einem Leben entstehen, das als dauernder Konkurrenzkampf erfahren wird. In einem solchen Leben wird die Anerkennung menschlicher Gleichheit (so sehr sie zugleich vorausgesetzt ist) immer wieder durch den Gegensatz egoistischer Interessen verhindert. Im Wettkampf geht es ja gerade darum, sich als »ungleich«, als »überlegen«, »besser«

zu erweisen und den anderen als »unterlegen« und »schlechter«. Und, da das Ziel für alle – bis auf einen – notwendig unerreichbar bleibt, wird auch keiner bereit sein, das Rennen aufzugeben, bevor er von der Natur gebieterisch dazu gezwungen wird. Länger zu leben als der Konkurrent (und jeder Mitmensch ist potentiell Konkurrent) wird als eine Form des Sieges erfahren und erstrebt. Das Bild vom Leben als universellem Wettkampf illustriert anschaulich die gewaltige Dynamik, die durch die Aufsprengung der feudalen Ständegesellschaft und ihres statisch-hierarchischen Weltbildes entfacht wurde, eine Dynamik, die sich bis in unsere Tage als allgemeine Rastlosigkeit (ohne überlegte Zielsetzung) und immer noch wachsende Vereinsamung der (um Prestige und Konsummöglichkeiten konkurrierenden) Wettläufer fortgesetzt hat.

Als in der Antike die Gemeinschaft der Polis und aus verwandten Gründen die römische Republik zerfielen und einem hemmungslosen Konkurrenzkampf von Privatpersonen und ihren Interessen Platz machten, tauchten Philosophien auf, deren erneute Aktualität seit Beginn der Neuzeit oft hervorgehoben worden ist. Gerade weil mit der Herausbildung des Bewußtseins individueller Besonderheit, Einmaligkeit und Einsamkeit die »klassische« Selbstverständlichkeit der Hinnahme des eigenen Todes, der eingebettet war in das Weiterleben von Sippe (Gens), Polis und Großfamilie, verlorenging, wurde von *Stoikern* wie *Epikureern* bewußte Gelassenheit angesichts der eigenen Endlichkeit, des eigenen Todes in den Mittelpunkt der Lebensweisheit gestellt. Bei den Lehrern beider Schulen findet man immer wieder in mannigfachen Variationen die Lehre, man solle vor dem Tod sich nicht scheuen, sondern ihn als einen Freund begrüßen, der uns von allem Leid und Kampf erlöst. In diesen tröstenden Reflexionen spiegelt sich die Erfahrung des Zerfalls der festen, alle einzelnen tragenden, prägenden und bestimmenden Gemeinschaftsformen wider. Die sich verbreitende Furcht vor dem Tode, die offenbar ein Ausdruck der fortschreitenden Vereinsamung konkurrierender Individuen war, soll durch philosophische Reflexion aufgefangen werden. Erst jetzt wird es notwendig, durch Vernunftgründe auf die »Nichtigkeit des Todes« hinzuweisen, weil der Tod faktisch sehr viel intensiver und radikaler als Bedrohung des eigenen Daseins und seines Sinnes erfahren wird. Während die Philosophen der Stoa und der epikureischen Schule zur Hinnahme eigener Endlichkeit anleiten, versprechen Mysterienreligionen, die aus dem Orient nach Rom kommen, ein über den irdischen Tod hinausreichendes Weiterleben der Individuen.

Unter den überlieferten Sprüchen Epikurs (342/341–271/270 v. Chr.) lautet einer: »Gewöhne dich an den Gedanken, daß der Tod uns nichts angeht: Denn alles Gute und Schlimme beruht auf Empfindung, der Tod aber besteht eben in der Aufhebung der Empfindung. Deshalb ermöglicht uns die richtige Erkenntnis, *daß der Tod uns nichts angeht*, erst *den vollen Genuß des sterblichen Lebens*, indem sie nicht an dieses ein Dasein von unendlicher Dauer ansetzt, sondern indem sie die Sehnsucht nach Unsterblichkeit beseitigt: Denn nichts ist im Leben für den furchtbar, der wirklich den Gedanken erfaßt hat, daß im Nichtleben nichts Furchtbares liegt.«[7] Nicht viel anders begreift der Stoiker Epiktet (60–140 n. Chr.) das Leben als ein Fest, das wie alles auch einmal ein Ende nehmen muß, worüber zu klagen Torheit und Ausdruck maßloser Begierde wäre.

»Du willst, daß ich das Fest verlasse? Ich gehe, Dir von Herzen dankend, daß Du mich gewürdigt hast, an Deinem Feste teilzunehmen und Deine Werke zu schauen und Dein Walten zu erkennen.«[8] Und an einer anderen Stelle heißt es kritisch: »Hat Dich Gott nicht als Sterblichen in die Welt eingeführt, um eine kurze Zeit sein Walten zu schauen und mit ihm zu festen? [...] aber ich möchte noch weiter festen [...]. Aber das Fest hat ein Ende, geh – und zwar dankbar, mach anderen Platz [...], was bist Du unersättlich und ungenügsam und beengst den Kosmos.«[9] Freilich läßt sich der hier beide Male angedeutete Zusammenhang – die Erkenntnis, daß der Tod uns nichts angeht, erlaube erst, das Leben voll zu genießen oder als Fest zu erfahren – auch umkehren. Nur wenn das *Leben als Fest*, als in sich befriedigend, *erfahren werden kann*, ist es auch möglich, den eigenen Tod als Faktum zu akzeptieren. Die Haltung des stoischen und epikureischen Philosophen wird daher auch für diejenigen besonders schwer, ja unmöglich, die in ihrer Existenz keine (geistigen, sittlichen und materiellen) Freuden erfahren haben. Ihre Flucht in ein von den Mysterienreligionen verheißenes Jenseits kompensiert ihr reales weltliches Elend.

Als sich mit dem Aufstieg des neuzeitlichen Bürgertums abermals Individuen von einer überkommenen, festgefügten sozialen Ordnung zu emanzipieren begannen, knüpften Denker wie Michel de Montaigne nicht zufällig an jene spätantike Tradition wieder an. Im zwanzigsten Kapitel des ersten Buches seiner *Essais*, das den Titel trägt »Que philosopher c'est apprendre à mourir«, läßt er die vernünftige, schaffende Natur wie folgt zu den sterblichen Menschen reden:

> »Geht hinaus aus dieser Welt, wie ihr in sie hereingekommen seid. Den gleichen Übergang, den ihr vom Tod zum Leben getan habt, ohne Leidenschaft, ohne Schrecken, tut ihn wiederum vom Leben zum Tod. Euer Tod ist ein Bestandteil der Ordnung des Universums [...]. Soll ich etwa euch zuliebe den herrlichen Zusammenhang der Dinge stören? Der Tod ist Bedingung eurer Schöpfung, ist ein Teil eures eigenen Wesens; ihr flieht vor euch selbst. Das Dasein, das ihr genießt, ist ein gemeinschaftliches Eigentum des Todes und des Lebens; der Augenblick eurer Geburt ist der Anfang eures Weges, der sowohl zum Sterben führt als zum Leben.«[10]

Und er fügt ein Zitat von Seneca und eins von Manilius hinzu:

> »Prima, quae vitam dedit, hora carpsit.«
> »Nascentes morimur, finisque ab origine pendet.«[11]

»Alles, was ihr euch vom Leben zueignet«, so fährt Montaigne fort, »das entwendet ihr der allgemeinen Masse des Lebens und nehmt's auf allgemeine Kosten. Das Werk eures Lebens ist, euren Tod zu bauen. Ihr seid im Tode, während ihr im Leben seid; denn ihr seid nach dem Tode, wenn ihr nicht mehr im Leben seid, oder, wenn ihr's so lieber wollt, ihr seid tot nach dem Leben. Während des Lebens aber seid ihr im Sterben begriffen, und das Sterben fällt dem Sterbenden unendlich schwerer, ist ihm wesentlich härter und drükkender als dem Toten. Habt ihr euer Leben genutzt, so seid ihr gesättigt: steht zufrieden auf und wandelt heim: Cur non ut plenus vitae conviva recidis? (Warum stehst du nicht auf wie ein satter Gast von der Mahlzeit?)«[12] »Der Tod ist weniger zu fürchten als nichts, wenn es etwas gäbe, das weniger wäre denn nichts.« »Ihr habt euch weder tot noch lebend um ihn zu kümmern. Lebend, weil ihr seid, tot, weil ihr nicht mehr seid. Noch mehr: niemand stirbt, bevor nicht seine Stunde gekommen ist. Was ihr an Zeit hinter euch laßt, war ebensowenig eure als die Zeit, welche vor eurer Geburt verfloß, und geht euch ebensowenig an.«

»Respice enim quam nil ad nos ante acta vetustas
Temporis aeterni fuerit.«[13]

Nicht zufällig taucht in diesem Zusammenhang auch ein Hinweis auf die für den Menschen unerträgliche Unsterblichkeit auf:

»Chiron schlug die Unsterblichkeit aus, da er die mit ihr verknüpften Bedingungen von seinem Vater Saturn, dem Gott der Zeit und der Dauer, erfahren hatte. Stellt euch der Wahrheit gemäß vor, wie sehr ein immerwährendes Leben dem Menschen unerträglicher und lästiger sein müßte, als dasjenige ist, das ich ihm gegeben habe. Hättet ihr Menschen den Tod nicht, ihr würdet mir ohn' Unterlaß fluchen, daß ich euch desselben beraubt hätte. Mit gutem Bedacht habe ich ein wenig Bitterkeit hinzugemischt, um zu verhindern, daß ihr, wenn ihr fühltet, wie lieblich sein Genuß ist, demselben zu gierig und zu unbedachtsam nachjagen möchtet. Um euch in diese Mäßigung zu versetzen, weder das Leben zu fliehen, noch vor dem Tode zurückzuscheuen, habe ich beides, das Bittere wie das Süße, das eine durch das andere gemäßigt.«[14]

Warum aber fürchten sich die Menschen immer wieder so sehr vor dem Tode und verdrängen den Gedanken an ihn, statt ihn als ein Gesetz der Natur und ihres eigenen Daseins zu akzeptieren? Diese furchtsame Haltung gegenüber dem Tode, diese fehlende Bereitschaft zur Hinnahme der eigenen Endlichkeit ist keine natürliche Anlage der Menschen, sondern ein Produkt ihres Lebens, ihrer Lebenserfahrung, der sozialen und kulturellen Welt, in der sie aufwachsen. Diesen Zusammenhang hat Montaigne bereits deutlich gesehen:

»Jeder Tod muß dem Leben gleichen. Wir werden sterbend nicht anders. Ich deute immer den Tod durch das Leben. Und wenn man mir ein Sterben schildert, das von starker Anhänglichkeit an ein schwaches Leben zeugt, dann bin ich der Meinung, daß es aus einer schwachen Ursache folgt, die aus seinem Leben hervorgeht.«[15]

Aus der Art und Weise ihres Lebens – so kann man den Gedanken zusammenfassen – resultiert die Art des Sterbens der Menschen. Ihre Todesangst ist die Folge (der Ausdruck) eines verängsteten und unbefriedigenden Lebens. Jean Jacques Rousseau, der ein eifriger Leser und Bewunderer Montaignes war,[16] hat den Gedanken noch weiter verfolgt:

»Als ich das alles näher betrachtete, stellte ich fest [...], daß das Gefühl des Todes [...] fast gar nicht vorhanden ist in der natürlichen Ordnung. Die Menschen sind es, die es geschärft haben; ohne ihre sinnlosen Raffinements und ihre barbarischen Institutionen würden uns die physischen Leiden kaum berühren, und wir würden den Tod nicht empfinden [...].«[17]

Sterben, heißt es weiter bei Rousseau, ist etwas vollkommen Natürliches. »Das Leben ist ein positives, aber endliches Gut, dessen Ende Tod heißt. Das Ende (die Begrenzung,

I. F.) eines Positiven ist nicht negativ, es ist nichts.« Schon Montaigne hatte davon gesprochen, daß die Angst vor dem Tode unter anderem auch die Folge der umständlichen Vorkehrungen sei, die in wohlhabenden Häusern beim Herannahen des Endes getroffen werden. Einfache Bauern und Soldaten im Felde stürben dagegen ohne Furcht und Schrekken, nähmen ihren Tod als ein natürliches Schicksal hin. In dieser Schilderung dürfte ein Stück romantischer Idealisierung des einfachen Lebens stecken. Wenn aber Rousseau von den »institutions barbares« spricht, die den Tod so schmerzlich fühlen lassen, dann denkt er vermutlich an jene unendliche Ausdehnung des Besitzes und des Strebens nach Auszeichnung, an jenen allgemeinen Wettlauf nach Ehre, Reichtum und Ruhm, den bereits Thomas Hobbes beschrieben hat. Im *Emile* beschreibt Rousseau einmal die aus diesem allgemeinen Kampf resultierende (und ihn zugleich motivierende) Haltung wie folgt:

> »So klammern wir uns an alles, wir krallen uns fest an alle Zeiten, alle Orte, alle Menschen, alle Dinge, alles was ist, alles was sein wird, alles ist jedem von uns wichtig.«[18]

Die Unfähigkeit, etwas herzugeben, auf etwas freiwillig zu verzichten, zeigt sich auch in der Einstellung zu unserem eigenen Leibe, unserem eigenen Leben. Es ist der letzte, unersetzliche Besitz, der alle anderen Besitztümer allein sinnvoll macht, wie sollte ihn jemand, der sein Glück nach dem Umfang seines Besitzes mißt, freiwillig hergeben wollen?

Als Bertolt Brecht 1939 daran ging, das Lehrgedicht des Epikureers Lukrez in der Übersetzung Karl Ludwig von Knebels sich anzueignen und aktualisierend zu ergänzen, fügte er einige Verse hinzu, welche diese Unwilligkeit zu erklären suchen. Wo Rousseau nur festgestellt hatte, daß die Menschen der Zivilisation »an allem hängen«, sich »an alles klammern«, da formuliert Brecht genauer und schärfer: Das Leben, das die meisten Menschen führen müssen, ist ein Kampf, ein ständiger, gegenseitiger Raub:

»Wenn sie so jammern, das Leben werd' ihnen geraubt, dann
gedenken
Diese des Raubs, der an ihnen verübt und den sie verübten,
Denn auch das Leben, das ihnen geraubt wird, war ein geraubtes.
Ach, es entreißen den Fisch, den der Fischer dem Meer entriß, gierig
Wieder dem Fischer die Händler, aber das Weib, das den Fisch bäckt,
Ungern nur gießt sie das Öl in die Pfanne, mit schmerzlichen
Blicken
Auf den schwindenden Vorrat. O Furcht, ohne Öl zu sein! Schrecken,
Nichts mehr zu haben und nichts zu bekommen! Entsetzen,
beraubt sein sein!
Keine Gewalttat scheuten die Väter. Mit Mühe nur halten,
Und indem sie Verbrechen begehen, die Erben das Erbteil.
Ängstlich verbirgt dort der Färber sein kostbar Rezept vor dem Kunden.
Was, wenn's bekannt würd? Und dort in der Runde der bechernden Künstler
Beißt sich ein Dichter die Zung' ab: er hat einen Einfall verraten!
Schmeichelnd listet der Mann hinterm Strauchwerk dem Mädchen den Beischlaf ab.
Opfer entlockt der Priester der hungernden Pächterfamilie.
Und es bemächtigt der Arzt sich des Leibschadens als eines Geldquells.
Wer könnt in solcher Welt den Gedanken des Todes ertragen?

Zwischen ›Laß los‹ und ›Ich halt's‹ bewegt sich das
Leben, und *beiden*,
Dem, der hält, und dem, der entreißt, krümmt die Hand
sich zur Klaue.«[19]

Um ihren Lebensunterhalt zu sichern, müssen die einen gewaltsam ihren Besitz festhalten, die anderen – abermals mit Gewalt oder List, mit legalen und außerlegalen Mitteln – das Nötigste an sich zu bringen suchen. Gewalttäter haben Brecht immer fasziniert, weil er an ihrem Verhalten die sonst nur latente Gewaltsamkeit und Gegensätzlichkeit zwischenmenschlicher Beziehungen erkennen zu können glaubte. Der Kampf ist ein allgemeiner. Alle sind angewiesen auf Besitz, weil nur auf dem Umweg über Besitz die Lebensbedürfnisse befriedigt werden können. Der »Sinn des Habens«, dessen anthropologische Bedeutung Marx durch Moses Hess kennenlernte, hat alle anderen Sinne nach und nach zum Schweigen gebracht oder verdrängt. So wird schließlich auch von immer mehr Menschen der eigene Leib, das eigene Leben als eine Art Besitz erfahren, den es unter allen Umständen so lange als irgend möglich festzuhalten gilt. So wenig es in einer auf dem Prinzip des Äquivalententauschs basierenden Gesellschaft angebracht ist, dem Handelspartner eine Ware ohne gleichwertige Gegenleistung abzulassen, so wenig ist man bereit, die eigene Endlichkeit, den eigenen Tod (ohne »Gegenleistung«) zu akzeptieren. In einem Gedicht aus der Zeit seines amerikanischen Exils leitet Brecht den »bürgerlichen Gottesglauben« direkt aus einem solchen Bedürfnis nach äquivalenter Gegenleistung für den eigenen Tod ab. Der Gedanke, für eine »Gabe« keine gleichwertige Ware eintauschen zu können, erscheine bürgerlichem Bewußtsein einfach unerträglich:

»Aber vor allem: der Tod!
Da wird uns das Leben entrissen
Wie sollen wir Entreißer uns etwas entreißen lassen?
Immer haben wir etwas bekommen dafür, daß wir lebten.
Sollen wir für unsern Tod nichts bekommen?
Gott schenkt uns ein besseres Leben.«[20]

Das bessere jenseitige Leben erfüllt damit nicht nur die Funktion, für ein unbefriedigendes diesseitiges zu kompensieren, sondern hilft auch, die universelle Geltung des Äquivalententauschs (der sich für die Eigentümer von Produktionsmitteln als so vorteilhaft erwies) über den Tod hinaus zu gewährleisten.

Der Gedanke an den eigenen Tod als an ein definitives Ende muß unerträglich sein, solange das Leben als unerfüllt, sinnleer, unbefriedigend erfahren wird. Besitzakkumulation, Arbeit, die allein in deren Dienst steht, und passiver Konsum vermögen kaum Sinnerfüllung zu vermitteln. Die imaginierte Fortsetzung solchen Tuns (oder solcher Relationen) über den Tod hinaus ist ein zum Scheitern verurteilter Versuch, doch noch »Sinn« zu realisieren. In den älteren eschatologischen Vorstellungen lebte dagegen noch die Hoffnung auf eine »ganz andere« Welt, in der Daseinsglück und Sinnerfüllung auf eine unvorhersehbare und einmalige Weise realisiert sein würden. Dunkel steht auch heute noch solche Hoffnung hinter der Weigerung vieler Menschen, ihre eigene Endlichkeit als definitiv zu akzeptieren.

Während Stoiker und Epikureer meinten, es genüge, den Geist urteilsfähiger Menschen aufzuklären, um sie zur Annahme ihrer Endlichkeit, zur Erkenntnis der Nichtigkeit des Todes zu bringen, deutet der humanistische Marxist Bertolt Brecht an, daß der Tod erst und nur dann generell erträglich werden kann, wenn das gesellschaftliche Leben aufgehört hat, ein Kampf aller gegen alle zu sein und der »Sinn des Habens« nicht mehr alle anderen Sinne verdrängt und übertönt. Die ruhige Gelassenheit des stoischen Weisen kann unter den gegenwärtigen sozialen Bedingungen einfach nicht von allen verlangt werden; denn es hieße die Menschen überfordern. Das schließt aber nicht aus, daß es dem einen oder anderen Menschen gelingt, sich von dem prägenden Einfluß der antagonistischen Konkurrenzgesellschaft wenigstens partiell zu befreien. Am ehesten wird das wohl Wissenschaftlern, Künstlern oder Ärzten gelingen, die mit ihrer Tätigkeit primär anderes erstreben als Besitzakkumulation und die in ihrer Arbeit eine Art von Befriedigung finden können, die den meisten anderen versagt ist. Bertolt Brecht hat versucht, zu einer heiteren und gelassenen Haltung gegenüber dem Tod zu finden. In einem seiner letzten Gedichte blickt er wie ein spätantiker Philosoph auf seinen künftigen Tod voraus:

»Als ich in weißem Krankenzimmer der Charité
Aufwachte gegen Morgen zu
Und die Amsel hörte, wußte ich
Es besser. Schon seit geraumer Zeit
Hatte ich keine Todesfurcht mehr. Da ja nichts
Mir je fehlen kann, vorausgesetzt
Ich selber fehle. Jetzt
Gelang es mir, mich zu freuen
Alles Amselsanges nach mir auch.«[21]

Die eigene Endlichkeit akzeptieren heißt den Gedanken ertragen lernen, daß andere Menschen *nach uns* weiterleben und Glück und Freude erfahren werden. Brecht drückt das durch den zarten Hinweis auf den Amselsang aus. Indem er sich selbst des Amselsangs »nach mir auch« zu freuen vermag, freut er sich uneigennützig für die anderen, künftig Lebenden, die ihn dann hören werden. Die eigene Endlichkeit akzeptieren heißt also den Überlebenden ihr Leben *gönnen*, den Neid überwinden, der es uns offenbar schwer macht, uns mit künftigen Generationen zu identifizieren. Im Antagonismus der Generationen ist immer auch ein Stück Neid der älteren auf die jüngere verborgen. Im Wunsch der älteren, die jüngere möge genau die Wege gehen, welche die ältere vorgezeichnet hat, drückt sich die Abneigung dagegen aus, daß sie überhaupt weiterleben und weitergehen kann. Man könnte versuchen, das Phänomen der zunehmenden Unfähigkeit der älteren Generation, sich mit der jüngeren zu identifizieren, damit zu erklären, daß sie auch praktisch immer weniger die materielle Zukunft ihrer Kinder und Enkel zu sichern vermag.

Von einem revolutionären Marxisten wie Brecht *hätte* man vielleicht erwarten können, daß er seinen eigenen Tod erträglicher findet im Gedanken an die künftigen Erfolge der Arbeiterbewegung. Dann hätte er etwa schreiben müssen:

Gelang es mir, mich zu freuen
Allen sozialistischen Fortschritts – nach mir auch.

Statt dieser Zeilen begnügt sich Brecht mit dem bescheidenen Hinweis auf den künftigen Amselsang. Nicht das künftige Neue, sondern das immergleiche Naturhafte vermittelt zwischen dem eigenen Selbst und der Zukunft, nicht unähnlich den Gedankengängen der spätantiken Philosophie.
Es ist aber nicht allein die stoische wie epikureische Übereinstimmung mit der Natur, die Brecht zum Ausdruck bringt. In einem aus der gleichen Periode stammenden Gedicht beschreibt er das »Glück des Gebens«, und man kann annehmen, daß die Erfahrung solchen Gebens (und Gebenkönnens) ihm sein eigenes Leben als befriedigend und seine Endlichkeit als akzeptierbar erscheinen ließ:

»Höchstes Glück ist doch, zu spenden
Denen, die es schwerer haben
Und beschwingt, mit frohen Händen
Auszustreun die schönen Gaben.

Schöner ist doch keine Rose
Als das Antlitz des Beschenkten,
Wenn gefüllet sich, o große
Freude, seine Hände senkten.

Nichts macht doch so gänzlich heiter
Als zu helfen allen, allen!
Geb ich, was ich hab, nicht weiter
Kann es mir doch nicht gefallen.«[22]

Nichts kann das Leben glücklicher und damit seine Endlichkeit erträglicher machen als die Erfahrung, daß man anderen etwas zu geben vermochte, das ihnen wirklich geholfen hat. Die Tatsache, daß so wenige Menschen in ihrer Arbeit und durch ihr Dasein oder durch ihre gesellschaftliche Tätigkeit diese Erfahrung machen können, dürfte wenigstens zum

Teil ihre extreme Todesangst und die Verdrängung jedes Gedankens an ihre eigene Endlichkeit erklären. Wissenschaftler, Künstler, Ärzte gehören – oder könnten doch gehören – zu jenen wenigen privilegierten Zeitgenossen, die durch ihre Arbeit Freude und Befriedigung erfahren und damit ihren Mitmenschen mehr und Wesentlicheres voraushaben, als sie meist selber wissen. Die moralisierende Kritik am Verhalten derer, die durch ihre Arbeit keine wirkliche und dauerhafte Befriedigung finden können und daher vergeblich in sinnleerem Freizeitkonsum einen Lebenssinn suchen, ist ungerecht. An die Stelle moralisierender Kritik sollte tätige Hilfe treten, die darauf abzielt, Verhältnisse zu schaffen, unter denen immer mehr Menschen reale Sinnerfüllung in ihrer Tätigkeit finden können. Erst dann kann die Endlichkeit des eigenen Daseins von allen akzeptiert und als sinnvoll erkannt werden, wenn die Lebenspraxis eines jeden sich so gestalten kann, daß die eigene Tätigkeit Befriedigung verschafft, und die Erfahrung gemacht wird, daß sie anderen zu menschlichem Leben verhilft. Dann aber wird die Endlichkeit sogar als eine notwendige Voraussetzung sinnerfüllter Existenz erkannt werden. Simone de Beauvoirs Held Fosca konnte all seinem noch so mutigen, bedeutenden, großartigen Tun als Feldherr, Forscher, Wissenschaftler, Revolutionär keine Befriedigung abgewinnen, weil er es aufgehoben sah in der Endlosigkeit seines unsterblichen Lebens. Es gab für ihn kein »Lebenswerk«. Nichts in seinem Leben war Wagnis, Geschenk, Hingabe. Alles, was er schenkte und gab, wurde schal und wertlos, weil es nur ein unendlicher Bruchteil seines endlosen Lebens war. Sein Leben wurde einsam, weil ihn seine Unsterblichkeit isolierte. Menschlich existieren wir nur im Kontakt mit anderen Menschen. Wo solcher Kontakt auf keine Weise mehr hergestellt werden kann, weil das Substrat des Bewußtseins unwiederbringlich zerstört wurde, da kann von einem menschlichen Leben nicht mehr die Rede sein. Eine künstliche Verlängerung der physiologischen Funktionen des Körpers erscheint mir dann nicht mehr als sittlich geboten. Etwas Ähnliches kann aber niemals gelten für seelisch Gestörte, die zwar in verzerrter und entstellter Weise ihre Umwelt wahrnehmen, aber doch einen – sei es auch minimalen – Kontakt zu Bezugspersonen haben. Sie sind Teil der menschlichen Intersubjektivität, und auch wir sind in irgendeiner Form Teil ihrer Welt. Kein Arzt kann darüber entscheiden, ob das Leben eines extrem Gestörten (im Augenblick vielleicht unheilbar Scheinenden) »keinen Sinn, keine Bedeutung« mehr für Mitmenschen hat, weil es in einer vollständig isolierten Eigenwelt verschlossen ist. Es gibt keine denkbare Legitimierung der Euthanasie. Auch die Unterlassung möglicher ärztlicher Hilfe (Medikamentierung usw.) läßt sich durch den Hinweis auf extreme Gestörtheit (oder körperliche Behinderung) nicht rechtfertigen.

Auf der anderen Seite aber würde ich ein Recht des Todkranken postulieren, objektiv über seinen Zustand aufgeklärt zu werden. Man mag diese Informationspflicht aus therapeutischen Gründen in bestimmten Fällen einschränken oder nach der vermutlichen Fähigkeit des Kranken bemessen, mit der Nachricht fertig zu werden: Das Prinzip sollte meines Erachtens gelten, daß ein erwachsener Mensch ein Recht darauf hat, sein Leben bewußt abzuschließen und angesichts des Endes sich noch zu ändern. So sehr er sein bisheriges Leben auch immer als unbefriedigend ansehen mag, es scheint nicht ausgeschlossen, daß er ihm – etwa durch Änderung seiner Einstellung gegenüber ihm nahestehenden Menschen – noch einen besonderen Sinn gibt, wozu er vielleicht ohne das Wissen von seinem bevorstehenden Ende nicht fähig gewesen wäre. Kein Mensch bleibt ganz der, der er war, wenn er etwas entscheidend Neues über sich erfährt. Es hieße den Todkranken um eine Möglichkeit seiner Selbstveränderung betrügen, wollte man ihm die Auskunft über seinen Zustand – aus Bequemlichkeit oder aus welchen Gründen immer – vorenthalten. Leben heißt in Gemeinschaft und Kontakt mit andern Menschen da-sein.

Sterben bedeutet Abschiednehmen. In unserer Welt, in der in Kliniken, Heimen und Intensivstationen gestorben wird, ist dieses Abschiednehmen besonders hart. Ärzte, Krankenschwestern und Pfleger sind überfordert, wenn von ihnen erwartet wird, daß sie durch Gespräch, Zuwendung, verständnisvolles Eingehen auf Wünsche und Phantasien den Sterbenden den Abschied leicht machen. Verwandte und Freunde ziehen sich gerne zurück, weil der Sterbende sie an die eigene Endlichkeit mahnt. Neuere Untersuchungen haben gezeigt, wie kompliziert und differenziert der Prozeß des Sich-Loslösens von der Menschenwelt ist. Verwandte, Freunde, Pfarrer und verständnisvolle Ärzte und Pflegepersonen könnten nur gemeinsam die notwendige und schwere Aufgabe lösen, aber sie würden dabei auch selber lernen und müßten doch schon zuvor gelernt haben, die eigene Endlichkeit zu akzeptieren. Vielleicht wäre in einer anderen und besseren Gesellschaft das Sterben leicht, einstweilen aber und auf unabsehbare Zeit bedarf es besonderer Anstrengung, um mit ihm fertig zu werden. Inselhaft wenigstens müßten sich menschliche Gemeinschaften bilden, in denen Sterbende ohne Haß, Neid und Zorn Abschied nehmen können. Ich bin aber nicht sicher, ob sie mitten in der Welt antagonistischer Gegensätze und egoistischer Verhaltensweisen möglich sind.

Anmerkungen

1 Vgl. Denise Lecoultre, »Employment for older workers – economic aspects.« In: *Work and Aging. 2nd International Course in Social Gerontology*, Paris 1971.

2 Vgl. die Referate auf der Internationalen Informationsveranstaltung *Die produktive Beschäftigung älterer Angestellter und Arbeiter*, Düsseldorf, April 1971.

3 Herbert Wiedemann (IBM Sindelfingen) klagte auf der gleichen Veranstaltung: »In unserer Gesellschaft hat sich unverkennbar

(über Werbung, Publikationsmittel u. a.) eine übertriebene Bewertung des ›Jungseins‹ eingestellt. (Assoziationen wie Kraft, Leistung, Können, Leben, Schönheit u. a. werden hiermit verbunden.) In der Industrie trifft diese übertriebene Bewertung mit den genannten externen Einflüssen zusammen, von denen her zum Teil tatsächlich jüngere Kräfte an manchen Tätigkeiten [...] sinnvoller eingesetzt werden [...].« Der Autor sucht das Problem dann durch eine Trennung von Leitung und Expertise (durch jüngere Mitarbeiter) zu lösen und tritt für eine adäquate Beschäftigung älterer Führungskräfte »nach dem Prinzip des angemessenen Ausgleichs« ein.

4 Vgl. die Abschnitte »Selbständigkeit und Unselbständigkeit des Selbstbewußtseins« und »Herrschaft und Knechtschaft«, die mit den Sätzen beginnen: »Das Selbstbewußtsein [der Mensch als Selbstbewußtsein, der selbstbewußte Mensch, I. F.] ist an und für sich, indem und dadurch, daß es für ein Anderes [Selbstbewußtsein, einen anderen selbstbewußten Menschen, I. F.] ist; d. h. es *ist nur als ein Anerkanntes* [...].« (Hegel, *Sämtliche Werke* [Jubiläumsausgabe], hrsg. von Hermann Glockner, Stuttgart-Bad Cannstatt ^{4}1965, Bd. 2, S. 148.)
Alexandre Kojève hat diese Abschnitte zum Kern seiner Interpretation der *Phänomenologie des Geistes* gemacht, die er als eine genetische Anthropologie begreift. (*Introduction à la Lecture de Hegel*, Paris 1947.)

5 Vgl. Jean-Paul Sartre, *Das Sein und das Nichts*, Hamburg 1952. »Die erste Einstellung zum Anderen: Liebe, Sprache, Masochismus« (S. 264 ff.). Was Sartre (partiell im Anschluß an Hegels *Phänomenologie des Geistes*) als Dialektik der Liebe beschreibt, wird von ihm allerdings ahistorisch verabsolutiert. Für die verzweifeln lassende Realität der zwischenmenschlichen Beziehungen findet Sartre nicht zufällig Bilder der antiken Hölle: »Nach diesem Sein [des Anderen, in dessen Blick ich mir als Objektivem begegne, I. F.], das als mein Sein vor mich hingehalten wird, aber entfernt von mir, wie eine *Speise des Tantalus*, will ich die Hand ausstrecken, um mich seiner zu bemächtigen und um es durch meine Freiheit selbst zu begründen [...]. Mein Entwurf einer Wiederinbesitznahme meiner selbst [ist] im Grunde genommen der *Entwurf einer Aufsaugung des Anderen* [...]«, der allerdings zugleich Anderer bleiben muß. (Ebd., S. 265.)

6 Thomas Hobbes, *Naturrecht und allgemeines Staatsrecht in den Anfangsgründen* [*Elements of Law natural and politic*, dt.; 1640, Erstdr. 1889], hrsg. von Ferdinand Tönnies, Berlin 1926, S. 76 f.
7 Zit. nach Heinrich Schmidt, *Epikurs Philosophie der Lebensfreude*, Leipzig o. J., S. 111.
8 Zit. nach: Adolf Bonhöffer, *Die Ethik des Stoikers Epictet*. Stuttgart 1894, S. 26 f.
9 Ebd., S. 27.
10 Michel de Montaigne, *Essais*, ed. par Maurice Rat, Paris [1941–42], Bd. 1, S. 95. Im gleichen Zusammenhang läßt Montaigne die Natur auch sagen: »Faites place aux autres, comme d'autres vous l'ont faite. L'égalité est la première pièce de l'équité [...]« (S. 96).
11 Seneca, *Hercules furiosus* III,874. Manilius, *Astronomica* IV,16.
12 Montaigne, S. 95. Lukrez, *De natura rerum* III,938.
13 Montaigne, S. 95–97. Lukrez, *De natura rerum* III,972.
14 Montaigne, S. 98 f.
15 Montaigne, Bd. 2, S. 102.
16 Vgl. P. Villey, *L'influence de Montaigne sur les idées pédagogiques de Locke et de Rousseau*, Paris 1911.
17 Jean-Jacques Rousseau, *Lettre à Monsieur de Franquières*, 15. 1. 69, Zit. nach: *Œuvres*, Paris 1873, Bd. 12, S. 146.
18 Jean-Jacques Rousseau: »Ainsi nous tenons à tout, nous nous accrochons à tous les temps, les lieux, les hommes, les choses, tout ce qui est, tout ce qui sera, importe à chacun de nous [...].« (Ebd., Bd. 2, S. 49.)
19 Bertolt Brecht, *Gesammelte Werke*, Frankfurt a. M. 1967, Bd. 4, S. 898 f. In den »Anmerkungen« heißt es zu den zitierten Versen, sie »sind schon in der 1939 geschriebenen Erzählung ›Die Trophäen des Lukullus‹ [...] enthalten. – Nachdem der Feldherr Lukullus in einem Gespräch mit dem Dichter Lukrez dessen ›berühmte Verse‹ über die Todesfurcht zitiert hatte, konnte sich Lukrez nicht enthalten, ›seinem Gastgeber noch einige Strophen mitzuteilen, die er aus dem Werk gestrichen hatte, um die Leser nicht allzusehr zu verstimmen [...]‹, und sagte die Verse, die anfangen mit ›Wenn sie so jammern [...]‹. Sie sind von Brecht.«
20 Ebd., Bd. 4, S. 865.
21 Ebd., Bd. 4, S. 1031.
22 Ebd., Bd. 4, S. 968 f.

Reflexionen über den Zynismus als Krankheit unserer Zeit

Mit den antiken Zynikern haben unsere Zeitgenossen wenig gemein. Ihr Zynismus ist von radikalerer, trostloserer Art, eine letzte, verzweifelte Weise des Lebens, ja eigentlich eher des seelischen Todes.[1]

Was ist diese zynische Haltung und woher kommt sie?

Wer unter Heuchlern lebt, dem mag der Zyniker wenigstens eine Tugend verkörpern: die Ehrlichkeit. Während jene vorgeben, es gehe ihnen allein um die Sache, das Wohl des Volkes, das Glück ihrer Freunde, während sie doch in Wahrheit nur nach ihrem persönlichen »Vorwärtskommen«, ihrem individuellen Aufstieg, ihrem privaten Profit streben, gibt der Zyniker offen zu, daß er bei allem nur auf den eigenen Vorteil bedacht ist. Aber jene Ehrlichkeit ist eine höchst fragwürdige Tugend, weil sie die totale Verachtung all jener freundlichen Verhaltensweisen einschließt, die der Heuchler wenigstens noch vorzutäuschen für notwendig hält. Die »Huldigung des Lasters an die Tugend«, wie man die Heuchelei genannt hat, enthält doch immerhin auch noch eine Anerkennung jener geheuchelten Werte. Der Zyniker negiert sie schlechthin – zumindest für die eigene Person. Sein Verhalten, so gibt er offen zu erkennen, wird von Reflexionen auf das Wohl der anderen nicht berührt. Aber mehr noch: durch seine »Offenheit« sucht der Zyniker zugleich Proselyten zu machen, gibt zu erkennen, daß nur Dummköpfe von Reflexionen auf die Interessen von Mitmenschen sich in ihrem egoistischen Verhalten einschränken lassen – soweit sie es nicht auf Grund ihrer Abhängigkeit nötig haben. Der Zyniker begreift sich als den Mächtigen, der es nicht nötig hat, Rücksicht zu nehmen, als den Unabhängigen, der sich von Illusionen und (moralischen) Vorurteilen freigemacht hat, den Einsamen, der durch seine Emanzipation von moralischen Fesseln über die Mitmenschen hinausgewachsen ist. Wer wollte solchem »Vorbild« nicht nacheifern? Merkwürdig genug: auch der Zyniker, der doch die Meinungen seiner Mitmenschen zu verachten scheint, strebt nach Anerkennung und Bewunderung! Seine offen zur Schau getragene Verachtung sittlicher Normen ist auf die Sollizitierung von Bewunderung angelegt: »Seht mich an, wie frei, und groß ich bin!«, so scheint er allen zuzurufen, ein Vorbild, das keinerlei Vorbild hat. Es genügt ihm ja nicht, von moralischen Fesseln sich befreit zu haben, er wünscht auch noch als ein solcher anerkannt zu werden, der sich freigemacht hat. Oft scheint es ihm sogar weit mehr auf diese Bewunderung anzukommen als auf die wirkliche skrupellose Amoralität.

Zwei Aspekte dieses Verhaltens sind es, die der Erklärung bedürfen: einmal die Verachtung moralischer Normen und Werte, zum anderen das Streben nach Anerkennung und Überlegenheit gegenüber anderen (die durch moralische Normen sich beschränken lassen).

Die zynische Verachtung moralischer Normen bedeutet nicht einfach Gleichgültigkeit. Der Zyniker ist insofern nicht amoralisch, als er einen Sinn für moralische Werte und Normen durchaus hat. Er muß sie ja wenigstens kennen, um sie offen und ostentativ verachten und verletzen zu können. Sein Amoralismus hat etwas zu Gewaltsames und Künstliches, um ganz glaubhaft zu sein. Zynismus – so nehme ich an – entsteht aus der tiefen Enttäuschung darüber, daß moralische Werte und Normen im Leben der meisten Menschen eine so geringe Rolle spielen und daß ihre Berücksichtigung dem moralisch Handelnden in der Regel mehr Schaden als Nutzen bringt. Gegenüber dieser Erfahrung gibt es zwei extreme Reaktionen: Die eine besteht in der moralisierenden Verurteilung der Menschen, die jenen Verhaltensnormen nicht folgen, die andere in der Verachtung dieser Normen selbst, weil sie offenbar kraftlos sind, sich allemal »blamieren«, wenn sie mit Interessen zusammenstoßen. Die erste Haltung ist die des Moralisten, die zweite die des

Zynikers. Beide Haltungen sind in gleicher Weise »abstrakt«, weil sie eine Erfahrungskomponente verabsolutieren, statt das konkrete Verhalten von Menschen und seine realen Bedingungen zu untersuchen und zu verstehen. Zwar ist der Zyniker jenem naiven Menschen überlegen, der den Widerspruch noch gar nicht bemerkt hat, aus dem der Zyniker falsche Schlüsse zieht, aber er bleibt hinter der Erkenntnis zurück, daß die meisten jener moralischen Normen durchaus auch menschlichen (seelischen) Bedürfnissen entsprechen, nur daß sie eben häufig mit anderen (dem nach physischer Selbsterhaltung etwa), nicht minder dringenden in Konflikt geraten und dabei unterliegen.

Jene Enttäuschung, so nehme ich an, muß aus einer Erfahrung entsprungen sein, bei der eigene Freundlichkeit, Liebe oder Güte auf Undank, Zurückweisung und Mißbrauch gestoßen sind. Einmal, so scheint mir, hat sich der spätere Zyniker ganz mit seiner eigenen Freundlichkeit oder Liebe identifiziert und ist zutiefst verletzt worden. Er hat die Erfahrung gemacht, daß der Liebende allemal schwach ist, leicht verletzt werden kann. Diese Erfahrung hat ihn hart und zynisch werden lassen. Vielleicht erst nachdem sie mehrfach wiederholt wurde, vielleicht auch schon gleich beim ersten Mal. Theodor W. Adorno hat einmal gesagt, lieben könne man nur dort, wo man sich schwach zeigen könne, ohne Stärke zu provozieren. Aber wo kann ›man‹ das in einer Welt des Konkurrenzkampfes aller mit allen? Wenn das Leben in der modernen Gesellschaft einem Wettlauf gleicht, wie schon Thomas Hobbes meinte,[2] und wenn es nur darauf ankommt, in diesem Wettlauf sich möglichst weit vorn zu placieren, dann freilich sind Güte, Hilfsbereitschaft und Liebe ziemlich unnütze Verhaltensweisen. Der Zyniker hat die soziale Umwelt jedenfalls als eine erfahren, in der man nie Schwäche zeigen darf, und Güte, Liebe, Freundlichkeit sind ihm ebensoviele Varianten von Schwäche.

Wie sieht es aber mit der »Stärke« des Zynikers aus? Ist sie nicht eher fragwürdig zu nennen? Der Starke kann ja dem Schwächeren gegenüber Hilfsbereitschaft und Güte zeigen, ohne dadurch »schwach« zu werden. Ritterlichkeit war eine Tugend der feudalen Oberschicht (der sie genau so wenig generell entsprochen hat wie die bürgerliche ihren Tugenden von Ehrlichkeit, Fleiß, Rechtschaffenheit), Zynismus ist eher eine plebejische Haltung. Sie entsteht in einer formell egalitären Gesellschaft, wo keiner die »natürliche« oder »konventionelle« Überlegenheit des anderen anerkennt, jeder mit jedem frei konkurriert. Auch diese Gleichheit hat Thomas Hobbes schon mit aller Nüchternheit definiert. Sie beruht darauf, daß noch der Schwächste den physisch Stärksten (und Klügsten) ermorden kann, wenn er z. B. ihn im Schlaf überwältigt, d. h. dessen momentane Schwäche nützt.[3]

In einer Gesellschaft, die jedenfalls theoretisch alle als gleichberechtigt anerkennt und die zugleich auf dem Prinzip der freien Konkurrenz (des Kampfes mit allen) beruht, gibt es mit der Aufhebung der Unterschiede von hoch und niedrig, stark und schwach auch die Haltung der Freundlichkeit und Güte (aus »Herablassung«) des Starken nicht mehr. Sie kann nicht mehr praktiziert werden und sie wird nicht mehr akzeptiert. Wer sie praktizieren möchte (wie Albert Schweitzer), muß in einen fernen Kontinent gehen, und auch dort wird seine Haltung im Zuge der Emanzipationsbewegung der Kolonisierten mehr und mehr kritisiert und zurückgewiesen. Eine Güte, in die sich Herablassung mischt, ist einer egalitär denkenden Gesellschaft inakzeptabel.

Ebenso fremd aber ist der Gesellschaft individueller und kollektiver Konkurrenz die Güte als Ausdruck von Solidarität, wie sie allein unter wirklich Gleichen, durch gemeinsame Interessen und Auffassungen Verbundenen möglich wäre.

In einer sozialen Welt, deren Realität den egoistischen Konkurrenzkampf aller mit allen ausmacht, in der jeder auf

Kosten der anderen vorwärtszukommen sich bemüht, deren offizielle Ethik aber zugleich Freundlichkeit, Güte, Hilfsbereitschaft predigt, gedeiht der Zynismus gerade bei denen, die ethische Werte einmal ernst genommen haben und die über ein zu schwaches Selbstbewußtsein verfügen, um sich »Niederlagen« leisten zu können. Der Zyniker hat das Bedürfnis, immer »Sieger« zu sein. Wer niemals mehr Schwäche (Liebe) zeigt, dem bleiben seelische Niederlagen und Enttäuschungen erspart. Wer keinen Wert ernst nimmt, dem ist nicht mehr beizukommen. Wo sollte man ihn schon treffen? Oder anders gesagt, er kann nur noch dort getroffen werden, wo seine Interessen liegen, diese aber vertritt er skrupellos und offen. Seine Interessen definiert er einzig als persönlichen, materiellen Vorteil.

Kann aber irgendein Mensch allein solchen materiellen Interessen leben? Ist es denkbar, daß er allein durch Akkumulation von Reichtum befriedigt wird? Daß ihm alles andere zum Mittel für die Zwecke – Reichtum und/oder Macht – wird?

Gewiß, solche Einseitigkeiten kommen vor. Verallgemeinert aber handelt es sich dabei eher um »Idealtypen«, um Konstruktionen, die der kapitalistischen Konkurrenzgesellschaft oder dem autoritär-bürokratischen Etatismus entsprechen. Während in der kapitalistischen Gesellschaft die Reichtumsakkumulation dominiert, wäre es in der etatistischen die Machtanhäufung, die alle anderen Ziele verdrängt. Aber in der Praxis haben selbst die zynischsten Geschäftsleute und Bürokraten auch noch andere (uneingestandene, aber nicht minder reale) Ziele: Sie wollen einer Frau, ihren Kindern, einer Geliebten imponieren und deren Zuneigung gewinnen und behalten. Es gibt ein Reservat nicht vom Zynismus bestimmter zwischenmenschlicher Kontakte, ohne das nur wenige zu leben vermögen. Dieses Reservat paßt nicht in die zynische Weltanschauung und wird daher eher verleugnet als zugegeben, aber es ist in fast allen Fällen irgendwo da. Innerhalb dieses Reservats kann auch der Zyniker sporadisch etwas von jenen Verhaltensweisen praktizieren, die er im übrigen verachtet und belächelt. Er weiß sich der Mutter, der Freundin und der Frau, dem Kind gegenüber so »überlegen«, daß er die Schwäche herablassender Güte sich erlauben kann. Der Zynismus des Alltags darf diese Beziehungen freilich nicht berühren, weil er sie zerstören würde. Der Zyniker kann hier seine letzte Tugend – die Ehrlichkeit – nicht praktizieren, er wird zum Heuchler. Den widerspruchslosen Zyniker dürfte es in der Realität kaum geben, weil er zu trostloser Einsamkeit verurteilt wäre. Schließlich aber muß der inkonsequente Zyniker mit dem menschlichen Reservat in ständiger Angst davor leben, daß sein Zynismus bekannt wird und das Reservat zerstört. Aus diesem Grunde muß er das Reservat, so gut es geht, verstecken, damit seine Konkurrenten diese Schwäche nicht als Mittel gegen ihn benützen können.

Nur von dem reinen Zyniker dürfte gelten, was Nietzsche in *Menschliches Allzumenschliches* von ihm gesagt hat: »Der Zynismus im Verkehr ist ein Anzeichen, daß der Mensch in der Einsamkeit sich selber als Hund behandelt.«[4] Zu den vom Zyniker verachteten Werten gehört natürlich auch die Würde. Wie soll er da sich selbst in der Einsamkeit als würdig erfahren? Nach außen hin präsentiert sich der Zyniker als mutig, groß, frei, selbstbewußt, aber diese Selbstdarstellung ist nur eine Maske, hinter der sich Unsicherheit, Schwäche und Angst verbergen.[5] Der Zyniker ist der Angeber des Immoralismus, der Hochstapler moralischer Emanzipation. Seine »Innenwelt« dürfte in der Regel eher sentimental sein. Auf Grund seines Reservats hält er sich in heimlicher Rührung wohl gar für »gut«.

Wenn aber der Zynismus so sehr dem Leben in einer formell egalitären Klassen- und Konkurrenzgesellschaft entspricht, wie kommt es dann, daß er erst in unseren Tagen mehr und mehr an Boden gewinnt? Warum treffen wir ihn in früheren Jahrhunderten so selten an? Weil das Verhalten der überwältigenden Mehrheit der Bevölkerung noch bis ins 19. Jahrhundert hinein von traditionellen Normen und Wertvorstellungen geprägt wurde und zunächst nur eine kleine Minderheit der oberen Gesellschaftsschichten sich von diesen Normen emanzipiert hatte. Weil mit anderen Worten sittliche Autonomie (mit ihren Möglichkeiten an Amoralität wie zurechenbarer Moralität) eher die Ausnahme als die Regel war.

Zahlreiche Wertungen und Normen wurden unbefragt hingenommen und überliefert, sei es, daß man sie der religiösen Lehre, sei es, daß man sie einfach den »Sitten« entnahm. Erst allmählich führte der von Aufklärungsphilosophen »entdeckte« Relativismus der Normen und Werte zur Erschütterung dieser Selbstverständlichkeiten.[6] Die Erkenntnis des animalischen Charakters des Menschen und seiner Triebe tat ein übriges, um die überlieferten Normen als willkürlich, »unnatürlich« und »künstlich« erscheinen zu lassen. Schließlich schien nur noch jenes Verhalten als »angemessen«, das der (animalischen) Selbsterhaltung und dem direkten Lustgewinn dient. Die von Darwin ins Tierreich hineinprojizierte Konkurrenzgesellschaft des »Kampfes ums Dasein« wurde jetzt als Bestätigung und Legitimierung von Skrupellosigkeit und Aggressivität im Verkehr der Menschen verstanden. Werte und Normen wurden als »Ideologien« im Dienste dieses Kampfes entlarvt, die christliche Liebesethik von Nietzsche als Ausdruck des Ressentiments der Kranken und Schwachen gegenüber den Gesunden und Starken gedeutet.

Der Zynismus erhält daher auch nicht zufällig bei Nietzsche mehr und mehr positive Züge, bis er im *Ecce Homo* von seinen eignen Büchern lobend meint, »sie erreichen hier und da das Höchste, was auf Erden erreicht werden kann, den Zynismus [...].«[7] Allerdings nahm Nietzsche an, daß nur eine mutige und starke Minderheit sich zu dieser ehrlichen Haltung befreien könne, während sie heute zu einer immer verbreiteteren Attitüde geworden ist.

Zu dieser Entwicklung dürfte auch der Zusammenbruch

jenes weltlichen Glaubenssystems beigetragen haben, das im Laufe des 19. und 20. Jahrhunderts immer mehr an die Stelle christlicher und humaner Überzeugungen trat und das Verhalten – vor allem junger Menschen – bestimmte. Ich meine den Nationalismus. Im Nationalismus (und Patriotismus, der nur allzu oft nationalistische Züge annimmt) verbindet sich der skrupellose Egoismus der Konkurrenzgesellschaft, wie ihn die darwinistische Deutung des Daseins legitimiert, mit einer (imaginären oder realen) Solidarität der Angehörigen eines Volkes oder Staates. Die im zwischenmenschlichen Verhalten durch Strafgesetze in Schranken gehaltene Aggressivität wird im Verhalten der kämpfenden Exponenten von Nationen legitimiert. Hier wird vollends freigesetzt, was innerhalb einer nationalen Gesellschaft immerhin noch eingeschränkt blieb. Das erklärt die Stärke und Intensität jener Gefühle, die nur allzu leicht über rationale Argumente und Kritik sich hinwegsetzen und noch den ruhigsten Gelehrten zum blinden Fanatiker machen können. Mit der Selbstentlarvung des Nationalismus aber verloren viele (in Deutschland jedenfalls) den letzten über ihr egoistisches Dasein hinausgehenden Lebenssinn. Sie reagieren mit Zynismus.

Der Zynismus fasziniert wegen seiner vermeintlichen Ehrlichkeit und Wahrheitsliebe, und er schreckt zugleich, weil das von ihm präsentierte Bild der zwischenmenschlichen Beziehungen trostlos ist, weil es die radikale, unüberwindbare Einsamkeit des Individuums in einer Konkurrenzgesellschaft egoistischer Monaden offenbart. Es ist daher kein Zufall, daß gerade junge Menschen alles tun, um dieser Weltsicht und dieser (resignierten und deprimierenden) Haltung zu entgehen, einer Haltung, die freilich zugleich wie eine letzte Verführung auf sie zu warten scheint.

Das leidenschaftliche Engagement für eine politische Bewegung, die sich die Emanzipation der Arbeiterklasse und der hungernden Dritten Welt zum Ziele gesetzt hat, entspringt vielfach auch dem geahnten (oder bewußten) Wunsch, auf diese Weise dem individuellen Dasein einen über es hinausreichenden Sinn zu verleihen und damit dem Zynismus zu entgehen. Mir scheint, daß aus diesem Grunde dieses Engagement oft einen so dogmatischen, so wenig an der Realität überprüften und korrigierten Charakter annimmt. Gerade solche junge Menschen, die in ihrem Sozialisationsprozeß moralische Werte übernommen haben und deren wirtschaftliche Lebensumstände es ihnen gestatten, ihr eigenes Handeln ganz unter solche Normen zu stellen, finden in dem revolutionären Engagement für die proletarische Emanzipation noch am ehesten eine Betätigungsmöglichkeit, die nicht durch den Widerspruch von moralischer Rede und egoistischer Handlungsweise entwertet wird. Die entschiedene Rebellion gegen die Elterngeneration und das Establishment ist um so heftiger, je schmerzlicher dieser Widerspruch an jenen erfahren wird. Sie entspringt der Enttäuschung und der Weigerung, sich einer Welt anzupassen, deren Prinzip nur die Hypokrisie oder der Zynismus sein kann. Einer Generation, in der Ehrlichkeit zum höchsten Wert avanciert ist, bliebe von dieser Alternative ohnehin nur der Zynismus übrig. Wo er sich unter jungen Menschen findet, ist er ein Ausdruck von Resignation und Verspießerung. Der junge Zyniker erklärt laut, daß er jedenfalls »nicht der Dumme« sein wird. Er hat Angst, im Umgang mit anderen betrogen zu werden, und schwört daher nur auf eine Fahne: die des unumschränkten, kalten Egoismus. Für ihn gibt es keine Vorbilder und Ideale moralischer Integrität. Vielmehr sucht er die verachteten Angehörigen der älteren Generation an Skrupellosigkeit zu übertreffen, wozu ihm seine größere Vitalität und sein offenerer Zynismus helfen sollen.

Ähnliche Motive wie die politisch engagierten Jugendlichen dürften auch diejenigen bewegen, die sich religiösen Erneuerungsbewegungen oder fernöstlichen Kulten anschließen. Nur daß es ihnen bewußt um die »eigene Seele« geht, deren »Rettung« für den engagierten Revolutionär höchstens (unbewußt erstrebtes) Nebenprodukt war.[8]

In beiden Fällen – sowohl beim jungen Revolutionär als auch beim religiösen Jugendlichen – spielen Gemeinschaften von Gleichgesinnten eine große Rolle, die es erlauben, schon jetzt aus der Gesellschaft egoistischer Monaden herauszutreten, um Beziehungen einzugehen, die auf Wahrheit, gegenseitiger Hilfsbereitschaft und Freundlichkeit beruhen. Groß ist die Gefahr, daß bei einem Scheitern dieser Gemeinschaften – entweder an dem selbstgesteckten Ziel oder an den individuellen »Beschädigungen«, die ihre Mitglieder mitgebracht haben – Trostlosigkeit, Selbstaufgabe oder Zynismus als einzige Alternativen übrigbleiben. Der Rückweg in eine durch Illusionen verschönte Bürgerlichkeit ist den meisten verschlossen.

Reaktionäre Diktaturen pflegen »Recht und Ordnung«, »Moralität und Disziplin« gewaltsam ihren Untertanen zu oktroyieren. Aber die für jeden wachen Beobachter klar zutage liegende Korruptheit und der durch Heuchelei schlecht verdeckte Zynismus der »Führer« machen die so erzwungene »Ordnung« von vornherein unglaubhaft. Sie ist nichts als eine Fassade, hinter der nackter Egoismus der Herrschenden sich verbirgt. Statt die Ausbreitung des Zynismus aufzuhalten, können solche »Maßnahmen« ihn nur um so energischer befördern.

Seit Rousseaus Idealisierung des schlichten Bauern und Handwerkers haben Kulturkritiker immer wieder die unverbrauchte und naive Sittlichkeit abhängiger und ausgebeuteter Bevölkerungsschichten – der Proletarier, der Frauen, der Kolonisierten – gegen die Blasiertheit und den Zynismus der herrschenden und besitzenden Kreise gestellt. Revolutionäre erhofften eine moralische Erneuerung von der Emanzipation der Unterdrückten. Aber noch stets wurde bisher jeder Befreiungskampf von Minoritäten dazu benützt, die eigene Herrschaft »im Namen der Verdammten dieser Erde« zu etablieren, fast immer folgten den revolutionären Idealisten die bürokratischen Nutznießer der Revolution auf dem Fuß. Auch diese historische Erfahrung und die Begegnung mit

Exponenten einer von der Konsumgesellschaft geprägten Arbeiterklasse kann zu Resignation und Zynismus führen. Mag es immer eine Übereinstimmung zwischen dem kollektiven Emanzipationsbedürfnis der Arbeiterklasse und dem Interesse an humanen, freiheitlichen, die Würde des Einzelnen respektierenden gesellschaftlichen Beziehungen geben, die Emanzipation einer Minderheit, oder richtiger die Ablösung einer alten durch eine neue »Elite«, führt immer zu einer Reproduktion entfremdeter und ausbeuterischer sozialer Beziehungen, die nur mit Hilfe einer neuen Ideologie legitimiert werden.

Wie also könnte Zynismus vermieden, wie angesichts jener Resignation suggerierenden Erfahrungen Verzweiflung aufgehalten werden? Wie kann Illusion und Dogmatismus ebenso vermieden werden wie Zynismus und reaktionäre Bestätigung des Status quo? Vielleicht kann die Einsicht, daß allgemeiner Zynismus menschenwürdiges Leben unmöglich macht und daß nur eine Revolution, die wirkliche Befreiung für alle bringt, den Boden zerstören könnte, aus dem immer wieder Zynismus emporwächst, jene Haltung und jene Tapferkeit bewirken, ohne die der Blick auf die Realität nicht mehr ausgehalten werden kann. Vielleicht aber bedarf es darüber hinaus eines nicht gesicherten Glaubens daran, daß die Menschheit nicht dazu verurteilt ist, am Krebsleiden des selbstzerstörerischen Zynismus zugrundezugehen. Mit dem Fragwürdigwerden einer optimistischen Geschichtsphilosophie wächst das Verlangen nach einer ontologischen Fundierung der Gerechtigkeit, die als »Kriterium gegen tyrannische Willkür oder utilitaristischen Relativismus« dienen könnte. Paul Tillich sucht eine solche Ontologie als »Ontologie der Liebe« zu entwerfen und meint: Wenn Leben als sich verwirklichendes Sein wesensgemäß der Drang nach Wiedervereinigung des Getrennten ist, dann folgt daraus, daß die Gerechtigkeit des Seins die Form ist, die dieser Bewegung entspricht.[9] Der Zyniker nimmt die Welt der isolierten und konkurrierenden feindseligen Monaden als letzte Realität, über die nicht hinausgegangen werden kann. Aber die Konsequenz dieser Realität ist die Entmenschlichung des Menschen, der nur in Verbindung mit anderen Menschen human existieren kann. An der Aufgabe der Wiedervereinigung der Menschen mit den Menschen festzuhalten ist daher ein Gebot humaner (nicht aufs biologische Vegetieren reduzierter) Selbsterhaltung. Auf solchen Selbsterhaltungswillen zu setzen ist vielleicht nicht ganz vergebens.

Anmerkungen

1 Paul Tillich hat diesen Unterschied in seiner Schrift *Der Mut zum Sein* (1952) wie folgt formuliert: »Heute verstehen wir unter einem Zyniker nicht mehr das gleiche wie die Griechen. Für die Griechen war ein Zyniker ein Mensch, der ihre Kultur vom Standpunkt der Vernunft und der Naturgesetze kritisierte; er war ein revolutionärer Rationalist, ein Anhänger des Sokrates. Die modernen Zyniker wollen nicht als Anhänger irgendeiner Schule gelten. Sie glauben nicht an die Vernunft, sie kennen kein Kriterium der Wahrheit, kein Wertsystem und keine Antwort auf die Frage nach dem Sinn. Sie versuchen jede Norm, die ihnen gegeben wird, zu untergraben. Ihr Mut findet keinen schöpferischen Ausdruck, aber er drückt sich in ihrer Lebenshaltung aus. Sie verwerfen mutig jede Lösung, die sie der Freiheit beraubt, alles zu verwerfen, was sie verwerfen wollen. Die modernen Zyniker sind einsam, obwohl sie der Gesellschaft bedürfen, um ihre Einsamkeit zeigen zu können. Sie kennen weder vorläufige Sinnbezüge noch einen letzten unbedingten Sinn und fallen deshalb leicht der neurotischen Angst zum Opfer. Zwanghafte Selbstbejahung wie fanatische Selbstaufgabe sind häufig Ausdruck des nicht-schöpferischen Mutes, man selbst zu sein« (zit. nach: *Gesammelte Werke*, hrsg. von Renate Albrecht, Bd. 11, Stuttgart 1969, S. 114). Man kann den Unterschied zwischen dem antiken und dem zeitgenössischen Zynismus auch so definieren, daß man sagt, jener habe die Autonomie eines vernünftig-sittlichen Individuums, dieser aber die des nur noch vital definierten Ich postuliert, für das alle

intellektuellen Fähigkeiten nur »Mittel« animalischer Selbstbehauptung und Lustmaximierung sind.

2 Vgl. die berühmten Worte in *Elements of Law, natural and politic* (1640); der Wortlaut findet sich in der vorliegenden Ausgabe auf S. 92 f.

3 Vgl. Thomas Hobbes, *Vom Bürger*, Kap. 1: »Der Grund der gegenseitigen Furcht liegt teils *in der natürlichen Gleichheit der Menschen*, teils in ihrem Willen, sich gegenseitig Schaden zuzufügen [. . .]. Denn betrachtet man die erwachsenen Menschen und sieht man, wie gebrechlich der Bau des menschlichen Körpers ist (mit dessen Verfall auch alle Kraft, Stärke und Weisheit des Menschen vergeht), *wie leicht es selbst dem Schwächsten ist, den Stärksten zu töten*: so versteht man nicht, daß irgend jemand im Vertrauen auf seine Kraft sich anderen von Natur überlegen dünken kann.« (*Vom Menschen, vom Bürger*, hrsg. von G. Gawlick, Hamburg 1959, S. 79 f.; vgl. auch *Leviathan*, Kap. 13, § 1.)

4 Friedrich Nietzsche, *Menschliches Allzumenschliches*, 2. Band, zit. nach: *Werke in drei Bänden*, hrsg. von Karl Schlechta, München [7]1973, Bd. 1, S. 834 (Aphorismus 256).

5 Paul Tillich hat auf diesen Hintergrund der Angst im zynischen Verhalten hingewiesen: »Die meisten von denen, die die Angst vor der Leere und die Verzweiflung über die Sinnlosigkeit erlebten, versuchten, ihnen mit einer *zynischen Verachtung der geistigen Selbstbejahung* zu begegnen. Aber sie konnten die Angst nicht unter dem Deckmantel skeptischer Arroganz verbergen« (*Gesammelte Werke*, Bd. 11, S. 50). Es ist diese Selbstverachtung, von der Nietzsches »häßlichster Mensch« geplagt wird, der sich »mit den Augen Gottes (den er getötet hat) sieht«. Das heißt aber, die Überzeugung, daß der Mensch nichts andres sei als ein animalisches Triebwesen, das nach Lustmaximierung (und nach Machtmaximierung im Interesse von Lustmaximierung) strebt, ist gebrochen. Der Zyniker *weiß* (insgeheim), daß es ein andres Selbst gibt, dem er untreu geworden ist, und verachtet sich deshalb.

6 Paul Tillich stellt diese Relativierung tradierter Normen im Anschluß an die marxistische Ideologiekritik dar: »Die Gerechtigkeit einer herrschenden Klasse ist Ungerechtigkeit, und die Verteidigung dieser Ungerechtigkeit ist Ideologie. Die Gesetze, die von ihr gegeben werden, sichern eine bestimmte soziale Ordnung, und solange es keine Alternative zu dieser Ordnung gibt, sind die Gesetze der herrschenden Klasse besser als das Chaos.« Mit dieser

Aussage stimmen auch die meisten Marxisten überein, die bekanntlich die individuelle Normverletzung (Verbrechen) durch Angehörige der unterdrückten Klassen verurteilen. »Die zynischen Vertreter dieser Theorie verstehen Gerechtigkeit ausschließlich als eine Funktion der Macht und keineswegs als deren Richter. Sie stimmen der marxistischen Analyse zu, ohne die marxistische Erwartung zu haben.« (*Liebe, Macht, Gerechtigkeit* (1954), zit. nach: *Gesammelte Werke*, Bd. 11, S. 152.)

7 Friedrich Nietzsche, *Ecce Homo*, in: *Werke in drei Bänden*, hrsg. von Karl Schlechta, Bd. 2, S. 1102.

8 Diese Beobachtung hat schon Paul Tillich an einer anderen als der gegenwärtigen Jugendgeneration gemacht: »Es ist nicht verwunderlich, daß diese doppelte Leere – die Angleichung an die Forderungen der industriellen Gesellschaft und die Sinnlosigkeit der Kulturgüter ohne letztgültigen Ernst – zu Indifferenz, Verzweiflung und Jugendkriminalität, zum Zynismus, Lebensüberdruß und zu geistigen Störungen führt. Ebensowenig überrascht es, daß als Reaktion auf diese Leere sich Kräfte regten, die aufs neue Lebens- und Gedankensysteme herzustellen suchten, mit dem Ziel, dem Leben Sinn zu geben, geistige Sicherheit zu gewähren und eine Erziehung der Einführung in ein sinnvolles Leben zu ermöglichen. Dies drückt sich in der stärker anwachsenden kirchlichen Autorität im Katholizismus und Protestantismus aus« (»Theologie der Erziehung«, aus: *Theology of Culture* (1959), zit. nach: *Gesammelte Werke*, Bd. 11, S. 241).

9 Paul Tillich, *Liebe, Macht, Gerechtigkeit*, zit. nach: *Gesammelte Werke*, Bd. 11, S. 179. – In seinen früheren Werken hat Tillich größeren Nachdruck auf die Überwindung des Spätkapitalismus gelegt und die Notwendigkeit einer vollständigen Revision der christlich-humanitären Tradition unterstrichen: »Die Hauptursache für den Zerfall der Welt bildet der soziale Verfall im Spätkapitalismus. Der erste Schritt zum Wiederaufbau der Welt muß ein sozialer Aufbau sein, der über den Kapitalismus hinausführt. Im Hinblick auf das Problem des ideologischen Wiederaufbaus hat das Christentum eine unmittelbare und höchst wichtige Aufgabe. Alle Grundlagen unseres christlichen, humanistischen und demokratischen Denkens und Lebens müssen geprüft werden; wir dürfen nichts als gegeben hinnehmen und müssen bereit sein zu den radikalsten Änderungen. Wir müssen gegen skeptischen Zynismus und heroischen Dynamismus kämpfen, aber wir können

es nicht tun im Namen der religiös-humanitären Tradition, die der Boden für den ideologischen Zerfall unserer Welt war. Wir können es nicht tun im Namen unserer liberalen und demokratischen Werte, die – so groß und ehrwürdig sie auch sind oder waren – nicht imstande waren, den Kräften der ideologischen Zersetzung Widerstand zu leisten, die in den leeren Raum eines säkularisierten Denkens eingedrungen sind.« (*Werke*, Bd. 10, S. 212.) – In einem Essay zur *gegenwärtigen Weltsituation* (1945) macht Tillich darauf aufmerksam, wie leicht Zynismus in Fanatismus umschlagen kann, weil der Zynismus aus der Verzweiflung über die Sinnlosigkeit geboren ist und der Fanatismus gewaltsam Sinn zu setzen verspricht (vgl. ebd., S. 231).

Rousseau, Voltaire und wir

»Rousseau: die Regel gründen auf das Gefühl. Die Natur als Quelle der Gerechtigkeit; der Mensch vervollkommnet sich in dem Maße, in dem er sich der Natur nähert (nach Voltaire in dem Maße, in dem er sich von der Natur entfernt). Dieselben Epochen für den einen die des Fortschritts, der Humanität, für den anderen Zeiten der Verschlimmerung von Ungerechtigkeit und Ungleichheit.
Die soziale Erfindung, die schönste, die es für Voltaire gibt: Tugend, ein Gehorsam gegen gewisse notwendige ›Vorurteile‹ zugunsten der Erhaltung der ›Gesellschaft‹. Kultur-Missionär, Aristokrat, Vertreter der siegreichen, herrschenden Stände und ihrer Wertungen. Aber Rousseau bleibt Plebejer, auch als *homme de lettres*, das war unerhört; seine unverschämte Verachtung alles dessen, was nicht er selbst war.«

Friedrich Nietzsche

Rousseau und Voltaire sind zweihundert Jahre tot. Ihre Ideen und die Probleme, die sie gesehen haben, sind jedoch noch immer die unseren. Voltaire, der Freund des Fortschritts, der Anwalt der Toleranz und der Vernunftaufklärung, erscheint dabei eher als der Repräsentant eines untergegangenen Zeitalters. Rousseau, der widerspruchsvolle, oft unklare, leidenschaftliche, fortschrittsfeindliche Plebejer, steht uns emotional weit näher. Ihre wechselseitige Kritik kann noch immer als aktueller Streit angesehen werden.
Als ich vor zwanzig Jahren mich intensiv mit Rousseau beschäftigte, war mein stärkster Eindruck der einer erstaunlichen Unzeitgemäßheit. Rousseau war ein Gegner des technischen Fortschritts, ein Feind der großen Staaten seiner Zeit (und damit gewiß erst recht der Supermächte, die heute

das Gesicht der Weltpolitik bestimmen). Er beklagte die Verstädterung und den überhandnehmenden Luxus, kritisierte die repräsentative Demokratie Englands und trat für die direkte Demokratie in kleinen, überschaubaren Gemeinwesen ein, verurteilte den Außenhandel und plädierte für Autarkie, lehnte den Kosmopolitismus ab und verherrlichte Patriotismus und Nationalismus. All das schien zu den Zielen und Vorstellungen der jungen deutschen Demokratie nach dem Zweiten Weltkrieg eher in Widerspruch zu stehen. Demokratie – so war mein Eindruck – konnte jedenfalls nicht mehr die Rousseausche Republik sein, zumal deren soziale Basis ja längst zerstört worden war. Wo gab es schon noch Gesellschaften, die aus lauter selbständigen, kleinen Warenproduzenten bestanden? Weder für Lohnarbeit noch für Kollektiveigentum, weder für repräsentative Verfassungen noch für technologischen Fortschritt hatte Rousseau etwas übrig. Er erschien mir als ein lange mißverstandener Konservativer und Moralist.
Heute – zwanzig Jahre später – habe ich zwar an diesem Rousseaubild nicht viel zu korrigieren; wohl aber hat sich die Beleuchtung des Bildes entschieden verändert. Der technische Fortschritt ist uns – nicht einmal so sehr durch die Zerstörungskraft der Kernwaffen wie durch die »Grenzen des Wachstums«, die Problematik der Umweltzerstörung und der Selbstvergiftung der industriellen Zivilisation – fragwürdig geworden. Rousseaus emphatische Betonung der Bedeutung der Natur erscheint uns nicht mehr so absurd. Seine moralischen Bedenken gegen Großstadt, unendlichen Fortschritt des Luxuswesens und des weltweiten Handels werden durch neue Überlegungen verstärkt: Zweihundert Jahre nach der Veröffentlichung des *Wealth of Nations* (1776) sind wir nicht mehr so sicher, daß Rousseau – der »Mann des Paradoxes«, wie ihn Voltaire nannte – so ganz im Unrecht war. Die Widersprüche, die schon Rousseau erkannt hatte, sind uns heute noch weit schmerzlicher bewußt geworden. Seine These, das Desaster des Erdbebens

von Lissabon dürfe man nicht der göttlichen Vorsehung zuschreiben, sondern der menschlichen Vermessenheit, die zur Errichtung von Großstädten geführt habe, klingt heute glaubhafter, da unsere Großstädte ihre Kinder auch ohne Erdbeben zerstören und krank machen. Die Ökologen haben in Rousseau einen redegewaltigen Anwalt. Die überall in allen zentralisierten Staaten auftauchenden regionalistischen Bewegungen können sich auf ihn berufen. Wer das Recht auch kleiner ethnischer Gruppen auf ihre Identität verteidigt, kann bei Rousseau Argumente finden. *Small is beautiful*, diesen Slogan hätte er ohne Zögern unterschrieben. Die zurück aufs Land ziehenden Kommunen Jugendlicher in Nordamerika und Europa hätte er unterstützt.

Aber Rousseau ist nicht nur in seinen politischen und sozialen Thesen »modern«, er war auch als Person eine höchst moderne Gestalt, und als solche hat er die mannigfachsten neueren Deutungen erfahren. Schon für die Generation Robespierres war der leidende und verfolgte »Freund der Menschheit« ein Gegenstand beinahe kultischer Verehrung. Die narzißtische Komponente seines Wesens, durch die er lebenslang so heftig litt, kann heute von einer ganzen Generation weit besser noch nachempfunden werden. Wenn für den narzißtischen Charakter die Welt letztlich als ein »Spiegel des Ich« fungiert und daher – sofern sie dieses Ich nicht ständig bestätigt und stützt – radikal verurteilt wird, dann muß einen solchen Charakter die Autobiographie Rousseaus unmittelbar ansprechen. Auch er fühlte sich verkannt, vereinsamt, verfolgt, mißhandelt. Gewiß, er hatte öfters Grund, sich als »Verfolgter« zu fühlen, aber er dachte nie darüber nach, ob er nicht vielleicht selbst Anlaß dazu gegeben hatte.

Als Rousseau seine »Reform« durchführte, die konventionelle Kleidung ablegte, Hemden und Taschenuhr verkaufte und beschloß, nur noch »von seiner Hände Arbeit« zu leben, vollzog er als Einzelner einen Schritt, den in den sechziger Jahren z. B. die Hippie-Bewegung in Amerika massenhaft tat. Seine Klage über die ihn mißverstehende Welt hatte er damit freilich zumindest mit-provoziert. Er wollte einfach mit all seinen psychischen Besonderheiten und Eigentümlichkeiten allgemein anerkannt werden. Er bezog sich auf das Publikum wie ein Kind auf die Familie. Charakteristisch ist dafür wohl auch, daß er selbst zwar heiratete, aber im Grunde keine Familie zu gründen vermochte. Seine erste große Liebe – Madame de Warens – war »seine *maman*«, eine Art zweite Mutter, die schließlich zur Geliebten wurde, gleichsam die Erfüllung ödipaler Träume des Kindes. Seine Frau, die er »ma gouvernante« nannte, war mehr die Pflegerin des verwöhnten Knaben als eine gleichberechtigte Partnerin. Für Kinder war in dieser Beziehung kein Platz, weil die Vaterrolle verlangt hätte, daß Rousseau seinen Kinderstatus endgültig aufgab. So wurden denn die Kinder der Thérèse Levasseur ins Findelhaus gebracht...

Auch die berufliche Selbständigkeit war im Grunde nur ein Schein. Fast immer hat Rousseau als Gast oder Schutzbefohlener bei adligen Familien gewohnt. Die »handwerkliche Arbeit«, deren er sich befleißigte, bestand im Abschreiben von Noten in seiner hübschen Handschrift. Dabei mußte ihm klar sein, daß er seine ›Autographen‹ weit höher bezahlt bekam, als dem üblichen Marktpreis kopierter Noten entsprach. Bei aller Opposition gegen die zeitgenössische Umwelt übernimmt Rousseau doch völlig unkritisch und egoistisch deren Patriarchalismus. Zwar übt er nicht selbst die Vaterrolle aus, aber in seinen Romanen verherrlicht er die patriarchalische Familie (in der er ewig Kind bleiben möchte), und in dem *Discours sur l'Economie Politique* (1755) leitet er auf die banalste Weise die Herrschaft des Mannes in der Familie daraus ab, daß die Frau »von Zeit zu Zeit durch ihre eignen Unpäßlichkeiten zur Inaktivität verurteilt sei, wodurch allein sie schon vom Primat in der Familie ausgeschlossen werde«.[2] Außerdem müsse der Ehemann eine gewisse Kontrolle über das Verhalten seiner Frau ausüben, da er doch ihre Kinder als ehelich anerkennen und versorgen müsse, während eine umgekehrte Kontrolle – angesichts des Fehlens eines ähnlichen Motivs – nicht notwendig sei.

So traditionalistisch aber Rousseau auch hinsichtlich der Stellung der Frau wie gegenüber der technologischen Entwicklung bleibt – die er ausdrücklich durch den Staat gebremst wissen möchte[3] –, in seinem psychischen Charakter ist er eben ausgesprochen »modern«. Dieser Charakter ist zugleich ein Produkt der von ihm beklagten Entwicklung und eine Form der Reaktion auf sie. Er verschwindet daher so lange nicht, wie diese Entwicklung anhält. Zivilisationskritik, nostalgische Sehnsucht nach einer »guten alten Zeit«, nach überschaubareren Verhältnissen, nach menschlicher Wärme und Nähe begleitet die neuzeitliche Geschichte von ihrem Anfang an. Zunächst schien freilich der Fortschritt mit der Wiederkehr der klassischen Antike und ihren (idealisierten) Verhältnissen übereinzustimmen. Renaissance und Fortschritt, »Wiederentdeckung von Kunst und Wissenschaften«, wie es die Dijoner Akademie noch 1749 in ihrer von Rousseau beantworteten Preisfrage nennt, und »Verbesserung der Sitten« schienen zusammenzufallen.

Rousseau war nicht der erste, der diese Identität in Frage stellte. Vor ihm hat Fénelon die moralische Überlegenheit einfacherer Verhältnisse zum pädagogischen Muster (für die Erziehung des Dauphin!) gemacht, und die Autoren des 17. Jahrhunderts begannen die »Naturvölker« vor allem Amerikas als Gegenbilder zu ihrer hochdifferenzierten Zivilisation zu begreifen. Das Zeitalter der Entdeckungen und der frühe Kolonialismus brachten immer genauere Informationen über die Lebensweise fremder Völker und – bei kulturkritischen Autoren – traten (idealisierte) Darstellungen dieser Völkerschaften und ihrer Daseinsweise an die Stelle der älteren utopischen Literatur. Wo Thomas Morus noch ein fernes Inselvolk fingieren mußte, da konnten sich die Autoren des 17. und 18. Jahrhunderts auf realere

Reiseberichte stützen. Während die Anwälte des Fortschritts die europäische Suprematie – und das Recht der europäischen Staaten, überseeische Gebiete zu erobern – rechtfertigten, meldeten konservative Kulturkritiker schon früh ihre Zweifel an. Wer weiß, ob ein nordamerikanischer Indianer wirklich weniger »glücklich« ist als ein europäischer Lohnarbeiter oder selbst ein Unternehmer? John Locke hatte behauptet, daß noch ein Tagelöhner in England auf Grund des weit umfangreicheren Warenkorbs, über den er verfüge, besser dran sei als ein Häuptling nordamerikanischer Indianer. Einen solchen Vergleich mußte Rousseau zurückweisen. Locke unterstellt bei dem Indianerhäuptling die gleichen Bedürfnisse (nach immer mehr Konsumgütern) wie bei dem englischen Tagelöhner. In Wirklichkeit ist der »Wilde« jedoch gerade deshalb weit glücklicher als noch der wohlhabendste Europäer des 18. Jahrhunderts, weil er ganz mit seinem Zustand zufrieden ist, weil es keinen Widerspruch zwischen »seinem Zustand und seinen Begierden, zwischen seinen Pflichten und seinen Neigungen gibt«.[4] Erst die durch immer weiter gehende Arbeitsteilung, Konkurrenz, Handel, Geldwesen, Dynamik der wirtschaftlichen Entwicklung in die Welt gekommene Begierde nach mehr und immer mehr Gütern (Waren) hat jene unendliche Unzufriedenheit in die Welt gebracht. »In jedem Zustand einer Gesellschaft wird alles, was über die Befriedigung der unmittelbaren und notwendigen Bedürfnisse hinausgeht, nur nach Maßgabe der Unterschiede und Vermögensvorteile empfunden.«[5]

Von einem bestimmten Punkt an – so würden wir heute formulieren – sind Güter nur noch als »positional goods« (Fred Hirsch) interessant. Das heißt, sie werden nicht (oder nicht primär) um ihrer selbst willen erstrebt, sondern um des Prestiges willen, den ihr Besitz verschafft. Ihr Besitz wäre so gut wie wertlos, wenn er von allen geteilt würde. Auf dem Prinzip der Bedürfnisweckung durch Neid und Konkurrenzdenken beruht aber der ganze Fortschritt einer warenproduzierenden Gesellschaft. Dieser grenzenlose Wettlauf nach Konsumgütern, deren Besitz mit Glück identifiziert wird, ist jedoch keineswegs dem Menschen »natürlich«, wie u. a. auch Voltaire zusammen mit Locke und Adam Smith unterstellt. Um seine Kritik zu erhärten, verweist Rousseau auf den »guten Wilden« (oder auch auf das antike Sparta). Das Strafgesetz der zeitgenössischen Staaten messe mit zweierlei Maß. Den Mittellosen strafe es mit äußerster Härte für das kleinste Delikt, den erfolgreichen Betrüger und Geschäftsmann lasse es straflos ausgehen: »Ein Unglücklicher, der, um an Brot zu kommen, einem hartherzigen und schwerreichen Mann eine Mark wegnimmt, gilt als Schurke, der an den Galgen gehört, während hochgeehrte Bürger sich friedlich vom Blut von Handwerkern und Bauern nähren und die Monopole des Kaufmanns und die Machenschaften des Steuerpächters als nützliche Talente gelten, die ihnen die Freundschaft der Fürsten und die Achtung des Publikums einbringen [...]. Auf diese Weise [...] vergrößern die Schätze der Millionäre das Elend der Bürger.«[6]

Rousseau sieht als einer der ersten das Dilemma von moralischem Zerfall und ökonomisch-technologischem Fortschritt, aber er weiß keinen Ausweg. Er weiß nur, daß er gegen eine starke Tendenz der Zeit ankämpft, und resigniert im voraus. Alles, was er zu tun empfiehlt, ist, diesen Fortschritt zu bremsen; durch patriotische Erziehung den Zusammenhalt der Nation zu stärken und durch (im Grunde jedoch ohnmächtige) Gesetzgebung die Besitzakkumulation zu verhindern (»niemand darf mehr als eine begrenzte Anzahl Ar besitzen«, fordert er im Verfassungsentwurf für Korsika).

Wenn aber die technologischen Fortschritte und der wachsende Reichtum (einer Minderheit) den europäischen Kulturen keine naturrechtlichen Ansprüche gegenüber den amerikanischen und afrikanischen »Naturvölkern« verschaffen, dann ist natürlich auch Kolonialismus zu verurteilen. Noch Karl Marx und die meisten Marxisten der Zweiten Internationale waren im Unterschied dazu überzeugt davon, daß es ein Recht der »höher entwickelten« Zivilisation gegenüber den stagnierenden oder zurückgebliebenen gebe, auch wenn sie meist die Methoden der Kolonisation verurteilten. Marx erblickte selbst in der britischen Herrschaft über Indien und in der »friedlichen Penetration« Chinas einen – bei aller Grausamkeit des Vorgehens – welthistorischen Fortschritt. Durch diese Ereignisse wurden nach seiner Überzeugung stagnierende Zivilisationen in den Umkreis des Weltmarktes und der fortschreitenden Weltgeschichte einbezogen.

Das Ende des eurozentrischen Fortschrittsbegriffs

Was von Adam Smith bis Karl Marx in dieser Hinsicht gedacht wurde, das konnte noch bis vor wenigen Jahrzehnten als Konsens der großen Mehrheit der Europäer und Nordamerikaner angesehen werden. Die letzten »Kolonialkriege« nach dem Zweiten Weltkrieg (in Algerien, Indochina, Indonesien usw.) haben dieses Kapitel der Weltgeschichte endgültig beendet. Aber noch ist kein anderes allgemein anerkanntes Welt- und Geschichtsbild an die Stelle der eurozentrischen Fortschrittsideologie getreten. In dieser Phase einer Bewußtseinskrise, die freilich durch viel »Ungleichzeitigkeit« noch überlagert wird (wenn man z. B. das ungebrochene Sendungsbewußtsein des sowjetischen Imperialismus und zumindest mancher nordamerikanischer Politiker in Betracht zieht), wird Rousseau wieder vermehrt interessant und aktuell. Manche seiner heutigen »Schüler« (mögen sie sich nun als solche empfinden oder nicht) gehen freilich in ihrem Kulturpessimismus oder in ihrer Kulturfeindschaft noch weit über Rousseau hinaus. So suggeriert z. B. Paul Feyerabend im Zusammenhang mit seiner berechtigten Kritik an der zur dominierenden *Ideologie* gewordenen Wissenschaftsgläubigkeit die vollständige Gleichwertigkeit aller möglichen Wissensformen und Techniken von der mythischen Deutung der Natur bis zur Einsteinschen Weltformel und von der Magie bis zur modernen Genetik. Andere – z. B. die Anti-Psychiatrie und Foucault – stellen den Primat der Rationalität in Frage und deuten die Ausgrenzung von Geisteskranken aus der Gesellschaft als einen Aspekt der mit der industriekapitalistischen (und sozialistischen) Gesellschaft zusammenfallenden vermehrten Repression alles »Unangepaßten« im Einzelnen und in der Gesellschaft. Freuds Erkenntnis, daß alle Kultur auf Triebverzicht beruht, wird von manchen zu einer revolutionären Kulturverneinung umgekehrt, während Norbert Elias die psychische Geschichte der Neuzeit auch als eine der zunehmenden Selbstdisziplinierung und damit wachsenden Befreiung von naturhaften Triebimpulsen begreift. Seine derzeitige Popularität dürfte damit zusammenhängen, daß er eine optimistischere und freundlichere Deutung der Neuzeit erlaubt als die meisten kulturkritischen Freudianer.

Rousseaus Theorie kann man freilich für solch radikale Kulturfeindschaft nicht in Anspruch nehmen. Ihm war sehr wohl bekannt, daß gesellschaftliches Zusammenleben nur unter der Bedingung von »Tugend« und Selbstdisziplin möglich ist. Er mochte zwar die völlige Ungebundenheit und Freiheit der im Naturzustand lebenden Menschen idealisieren (auch wenn es für die Uranfänge der Menschheit bei ihm kaum zutrifft). Daß aber Leben im politischen Verband nur unter der Voraussetzung erfolgreicher sittlicher Erziehung möglich ist, war ihm wohl bewußt. Er insistierte sogar auf einer höchst repressiven, weitgehende ideelle Homogenität erzeugenden patriotisch-nationalen Erziehung für alle (in den Betrachtungen zur Regierung Polens z. B.). Doch das Schwanken zwischen diesen beiden Extremen: der völligen Ungebundenheit des bis zur narzißtischen Egozentrizität ›einsamen‹ *homme naturel*, der von der Welt anerkennende Bewunderung seiner undisziplinierten Spontaneität verlangt, und der rigiden Diszipliniertheit des integrierten Staatsbürgers einer homogenen kleinen Tugend-Republik –

eben dieses Schwanken scheint sich auch in unserer Zeit vielfach zu reproduzieren. An den Hochschulen begegnen wir der Diskrepanz von narzißtischen Spontaneisten und rigid-autoritären politischen Gruppenangehörigen, gelegentlich ›bekehrt‹ sich auch wohl der eine oder andere vom Sponti zum Leninisten (vom Rousseauschen »Wilden« zum spartanischen Citoyen). Gegen beide steht der fast untergegangene Typus des aufgeklärten liberalen Bürgers, wie ihn Voltaire antizipierte. Nicht umsonst war Voltaire ein überzeugter Anwalt des Freihandels, der unbegrenzten Besitzakkumulation, des Luxus und – der religiösen Toleranz.

So problematisch die zwiespältigen Ideale und der narzißtische Charakter Rousseaus auch sein mögen, sein Gegenspieler Voltaire kann heute freilich ebensowenig uneingeschränkt als Vorbild rezipiert werden. Gewiß, er lobt nicht nur religiöse und weltanschauliche Toleranz, er praktiziert sie auch. Und in dieser Hinsicht – was die Übereinstimmung von Theorie und Praxis anlangt – ist Voltaire weit überzeugender als Rousseau. Auch seine wirtschaftstheoretischen und wirtschaftspolitischen Thesen stimmen mit seinem Verhalten als Großgrundbesitzer und Fabrikant vollkommen überein.

Toleranz ist für Voltaire gewiß ein absoluter Wert, aber er begründet ihn doch auch (für andere und womöglich für sich selbst) mit den vorteilhaften Folgen, die aus solcher Toleranz resultieren: Die Niederlande, England und die englischen Kolonien in Nordamerika haben »vollständige Gewissensfreiheit eingeführt; wenn man nur an Gott glaubt, ist dort jede Religion zugelassen, wodurch der Handel floriert und die Bevölkerung wächst«.[7] Womöglich durch Spinozas *Theologisch-Politischer Traktat* beeinflußt, erwähnt Voltaire die Börse als einen Ort, an dem kein Mensch nach dem Bekenntnis frage, sondern lediglich nach dem Kredit: »Alle treiben sie miteinander Handel, ohne daß sie ihre Dolche gegeneinander zücken, um Seelen für ihre Religion zu gewinnen.«[8]

Voltaires Hinweis auf den wirtschaftspolitischen Nutzen religiöser Toleranz (die ihn u. a. auch zum Kritiker der Zurücknahme des Ediktes von Nantes machte) wird hier nicht aus ideologiekritischen Gründen erwähnt – obgleich es natürlich reizvoll wäre, die *Grenzen* der Toleranz bei Voltaire aufzuzeigen (sie liegen genau dort, wo er Gefahren für die Hinnahme des ökonomischen Status quo durch die Masse der armen Bevölkerung erblickte) –, sondern weil es ja in der Tat einen objektiven Zusammenhang zwischen Marktökonomie und Toleranz gibt. In dem Maße, wie die Beziehungen der Individuen (als wirtschaftender Subjekte) durch Märkte geregelt werden, kann auf ihre ideologische Bindung und ihre ideologische Gemeinsamkeit verzichtet werden. Wenn nur die formellen Regeln der Rechtsordnung eingehalten werden (und dazu genügt die vermeintlich ideologiefreie Einschätzung ihrer ›Nützlichkeit‹, wie sie das bürgerliche Naturrecht liefert), können im übrigen Religion und Kunst, Literatur und Wissenschaft völlig frei sein. Sie berühren die Legitimitätsbasis des Ganzen nicht mehr.

Freilich setzt diese Haltung voraus, daß die marktwirtschaftliche Ordnung selbst so unerschütterlich feststeht, daß sie durch Kritiken nicht gefährdet werden kann. Kulturkritische Arbeiten wie die Rousseaus stellten – schon wegen ihres utopischen Charakters – keine derartige Gefahr dar und konnten deshalb toleriert werden. Dennoch setzt sich Voltaire mit ihnen auseinander, um einer möglichen künftigen Gefahr rechtzeitig vorzubeugen. Die heutigen »Erben« der Voltaireschen Gesellschafts- und Staatsauffassung dürften kaum noch seine Toleranz aufbringen. Sie würden aber auch kaum noch offen jene Überzeugungen vortragen, die Voltaire einbekannte: »Auf unserem unglücklichen Globus ist es nun einmal unmöglich, daß die Gesellschaften nicht in zwei Klassen geteilt sind, von denen die eine, die der Reichen, befiehlt und die andere, die der Armen, dient; diese beiden Klassen teilen sich ihrerseits in tausend Nuancen.«[9] Und wie um seine Position noch klarer zu machen, fügt

Voltaire zur Rechtfertigung dieser zunächst nur – mit bedauerndem Unterton als unvermeidlich bezeichneten – Ungleichheit hinzu: »Das Menschengeschlecht, so wie es nun einmal ist, kann nicht existieren ohne eine Unzahl nützlicher Menschen, die absolut nichts besitzen; denn gewiß würde es einem Menschen, der im Wohlstand lebt, nicht einfallen, sein Land zu verlassen, um das meine zu bebauen.« Mit anderen Worten: die Eigentumslosigkeit ist die Voraussetzung für Lohnarbeit. Ohne Lohnarbeit aber kann sich Voltaire eine zivilisierte und verfeinerte Gesellschaft nicht vorstellen: »Nicht alle Bauern werden reich sein, und es ist gar nicht nötig, daß sie es sind. Man braucht Menschen, die nur ihre Arme und guten Willen haben. Aber auch diese Leute, die die allerelendsten zu sein scheinen, werden am Glück der anderen partizipieren. Es steht ihnen frei, ihre Arbeit demjenigen zu verkaufen, der ihnen den besten Lohn bezahlt. Diese Freiheit wird sie für ihre Eigentumslosigkeit entschädigen. Die gewisse Hoffnung auf einen gerechten Lohn wird sie aufrecht erhalten.«[10]
Solche pauschalen Behauptungen würde man heute vermutlich als zynisch bezeichnen. Noch die entschiedensten Verteidiger der freien Marktwirtschaft anerkennen die Notwendigkeit ausgleichender Staatsinterventionen. Die Zahl derer aber, die ihre Arbeitskraft in der einen oder anderen Form verkaufen müssen, ist inzwischen so groß geworden, daß sie nicht mehr bagatellisiert werden kann. Die politisch freien und gleichen Bürger der entwickelten Industrieländer der Erde sind längst mehrheitlich Lohn- und Gehaltsempfänger. Unsere politischen Institutionen und Ideologien aber unterstellen im Grunde noch immer den »freien«, sich selbst bestimmenden *Citoyen*, der seinen Lebensunterhalt als Selbständiger verdient. Weder Rousseau noch Voltaire dachten auch nur im Traum daran, Unselbständige, wirtschaftlich Abhängige zu Staatsbürgern zu machen. Immanuel Kant geht davon aus, daß Lohnempfänger durch Sparsamkeit und Fleiß zur Selbständigkeit aufsteigen und dann Voll-

bürger werden können. Ein ferner Nachklang dieser Hoffnung findet sich nur noch in der Forderung der Sozialausschüsse der CDU nach »Produktiveigentum in Arbeitnehmerhand«.

Von der bürgerlichen zur Massendemokratie – was dann?

Den Strukturwandel, den der liberale bürgerliche Staat und seine parlamentarischen Institutionen notwendig im Zusammenhang mit dieser veränderten gesellschaftlichen Grundlage durchmachen müssen, haben am konsequentesten einerseits Carl Schmitt und andererseits – bezogen auf die »öffentliche Meinung« – Jürgen Habermas beschrieben. Die politischen Folgerungen, die – wenn nicht diese Theoretiker selbst, so doch manche, die sich auf sie beriefen – aus solcher Kritik gezogen haben, führen mutatis mutandis zu den beiden gegensätzlichen Positionen von Rousseau zurück. Carl Schmitt folgert aus der Undurchführbarkeit der klassischen repräsentativen Demokratie in der »Massengesellschaft« die Errichtung einer plebiszitären Diktatur, die dem »Staat« ausreichende Stärke gibt, um die zentrifugalen Tendenzen der antagonistischen Gesellschaftskräfte zu überwinden. Dabei kann sich dieser »totale Staat« natürlich auch antikapitalistische Ziele setzen. Die oft beobachtete Faszination, die von Carl Schmitts Gedankengängen auf Linke ausgeht, dürfte sich hieraus erklären. Es gibt einen Schmittschen Krypto-Leninismus. Aber der eigentlichen Intention des Autors entspricht doch wohl eher die aufgeklärte Bürokratendiktatur, die für einen relativen Ausgleich der Interessen sorgt und die überhandnehmenden Einflüsse von Unternehmungen wie gesellschaftlichen Verbänden einem übergeordneten strategischen politischen Willen unterwirft. Es geht um die Wiedergeburt von Hobbes' Leviathan im Zeitalter des Spätkapitalismus.

Die entgegengesetzte Position vertritt das Modell von Jürgen Habermas: einen »herrschaftsfreien Diskurs«, aus dem die verbindlichen Normen des Gemeinschaftslebens *für alle* allein noch abgeleitet werden könnten. Dabei erhebt sich die Frage, ob von dieser Position aus eine politische Strategie zu begründen ist oder ob dieser Gedanke lediglich dazu reicht, um als kritische Folie zu dienen, von der sich angebotene Lösungen als unzulänglich abheben.

Der totale Staat erscheint als »Lösung« vor allem dann als plausibel, wenn man die Unvermeidlichkeit der industriellen Entwicklung unterstellt. Robert Jungks »Atom-Staat« mag vielen als Schreckbild übertrieben erscheinen. Niemand wird aber leugnen wollen, daß mit der Steigerung technologischer Gefahren auch die Mittel zur Überwachung verbessert und die Freiheit – z. B. des Forschers auf sensiblen Gebieten – eingeschränkt werden muß. Bertolt Brecht hat das am Erschrecken des Atomphysikers geschildert, der, begeistert von seiner neuen Erkenntnis, sich umblickend einen Geheimpolizisten erkannte. Oder – um einen anderen Aspekt der hochindustrialisierten Gesellschaft zu erwähnen: in dem Maße wie Versorgungseinrichtungen (Strom, Atomenergie, zentrale Wasserversorgung – z. B. ganz Württembergs aus dem Bodensee) immer zentraler organisiert werden, werden auch die Gesellschaften immer verletzlicher und müssen diese für ihr Überleben unentbehrlichen Zentralen gegen Sabotage schützen. Eine Katastrophe – auch eine nicht bewußt herbeigeführte – wird um so verhängnisvoller, je umfassender das »System« ist, in dem sie auftritt.

Das gilt schon für die im 19. Jahrhundert eingeführten Monokulturen, die Vernichtung einer Vielfalt von Arten und Unterarten der Flora und Fauna der Erde. Es setzt sich mit den Flußregulierungen, ökologisch nicht durchdachten Talsperren-Anlagen und die Umwelt belastenden Fabriken und Kraftwerken, Autobahnen und Straßenbauten usw. fort. Will man also einem in der Entwicklung angelegten Zwang entgehen, der sowohl die Krisenanfälligkeit als auch die Freiheit und Selbständigkeit nicht nur der Individuen, sondern auch der Gemeinden, Provinzen, Kleinstaaten untergräbt, dann muß man im wörtlichen Sinne versuchen, die Entwicklung »zurückzudrehen«. Die Begeisterung eines Marx über den Sieg des Weltmarkts, der die »Idiotie des Landlebens« beseitigt, und über den Kosmopolitismus, den Stalin noch in seinen Linguistikbriefen anklingen läßt, wenn er von der künftigen Weltsprache redet, die auf die beiden »Regionalsprachen« Russisch und Englisch folgen werde, ist endgültig vorbei. Der Regionalismus und das Erwachen ethnischer Individualitäten zu neuem Leben ist eine erste verständliche Reaktion auf die alles »Nicht-Identische« nivellierende und zerstörende Tendenz der weltweiten Industriezivilisation.

Der »Weg zurück« zu kleineren, relativ selbständigen und autarken Einheiten muß aber kein Weg in einen Neoprimitivismus sein. Er ist – angesichts der technischen Möglichkeiten – durchaus mit einem hohen Lebensstandard vereinbar. Er braucht nicht mit einer Wiederkehr der barbarischen Züge jener älteren Gesellschaft verbunden zu sein. Vernunft, Aufklärung, individuelle Freiheit (verbunden allerdings mit freiwilliger Selbstdisziplin) sind auch in kleineren Gemeinschaften möglich. Zumal dann, wenn diese ihren inneren Zusammenhalt nicht auf Kosten und in Abhebung von »Feinden« herzustellen suchen. Nur in solchen relativ überschaubaren Gemeinschaften könnte auch so etwas wie ein freiwilliger Konsens ohne (allzustarke) Repression gegenüber abweichenden Individuen hergestellt und aufrecht erhalten werden. Die Gefahr solcher Gruppen – vor allem wenn sie ihren Sinn in erster Linie in der Stabilisierung des gekränkten Selbstgefühls narzißtischer Individuen suchen – hat Richard Sennett in seinem Essay *Destruktive Gemeinschaft*[11] gut herausgearbeitet. Solcher Gefahr würden Gemeinschaften entgehen, die einmal zu groß sind, um jenen intensiven emotionalen Druck ausüben zu können, und zum anderen sich auf konkrete Aufgaben richten, die sie zum Eingreifen in der Außenwelt zwingen, so daß für die Suche nach kollektiver Identität, die in der Tat destruktiv für die Freiheit der Individuen werden kann, keine Energie und Zeit mehr bleibt.

Widerstand und neue Lebensformen

Es wird – nicht nur in der Bundesrepublik Deutschland – in letzter Zeit viel über die »Staatsverdrossenheit« der jungen Generation geklagt. Diese Verdrossenheit hängt sicher zum nicht unerheblichen Teil damit zusammen, daß sich in der Sphäre der Politik so gut wie nichts zu verändern scheint. Wie immer die Wähler entscheiden, es ändern sich allenfalls Nuancen. Die engagiertesten und interessiertesten Minderheiten sehen keine Chance, Einfluß zu gewinnen, die weniger Motivierten entscheiden durch ihr Votum für Stabilität und/oder ein bißchen Veränderung. Dazu kommt, daß die unmittelbare Umwelt (Gemeinde, Kreis) zwar auch demokratisch verwaltet wird, ohne daß jedoch dort auf erkennbare Weise die Bürger an wichtigen Entscheidungen beteiligt wären. Die Bürger, die in Gorleben, Biblis, Wyhl und Umgebung leben, sind gewiß mehr am Schicksal ihrer Gemeinde und des Umlands interessiert als die Landtagsabgeordneten, die für sie Entscheidungen treffen. Aber ihr Wunsch nach Mitsprache wird zurückgewiesen. Diese Zurückweisung läßt sich sehr gut mit der Verfassung rechtfertigen, da ja demokratisch bestellte Repräsentanten den Bau der Kernkraftwerke beschlossen haben und demokratisch eingesetzte Regierungen und Verwaltungen ihn kontrollieren. Warum führt das Verfahren dennoch zu Staatsverdrossenheit? Weil Entscheidungen, die nicht nur das Schicksal unserer Kinder, sondern das von Enkeln und Urenkeln mitbetreffen, in klar erkennbarer und möglichst direkter Weise von den Bürgern selbst getroffen werden sollten. Wahrscheinlich würde die Herbeiführung einer solch wirklich für alle akzeptablen Entscheidung weit länger dauern. Vor allem aber würden sich die Gemeinden, Kreise, Provinzen, Regionen Europas – wenn man ihnen ein entsprechend hohes Maß an Selbständigkeit einräumen würde – sich von allein für Energieformen entscheiden, die ohne zu große Umweltbelastung an Ort und Stelle erzeugt und verbraucht werden können: Wind- und Wasserkraft, Sonnenenergie, Gezeitenkraftwerke, Nutzung von Erdwärme usw. Das alles könnte zusammen mit Biogas-Gewinnung in der Landwirtschaft und sinnvollen Maßnahmen zur Energieeinsparung vom angeblichen Zwang zur Investition in Kern-Energie entlasten. Dabei ist die Kern-Energie – wie K. Traube zu Recht betont hat – nur *ein* eindrucksvolles Beispiel und Symbol für die Notwendigkeit des Umdenkens.

Auf der Basis eines neu entstehenden Regionalismus wäre aber auch Europa weit eher imstande, zu einer wirklichen Gemeinschaft zusammenzuwachsen, weil es zwischen den kleinen Regionen weniger Konkurrenzkampf als Freude an der Vielfalt gäbe. Wenn dabei als Ziel eine möglichst weitgehende Autarkie der Regionen (bei Austausch der an Ort und Stelle nicht herstellbaren Güter) vorschwebte und zur Herstellung dieses Zustandes in hohem Maße Umverteilungen vorgenommen würden, dann könnte schließlich ein friedliches Nebeneinander mit Sicherheit ermöglicht werden. Solange dynamische industrielle Zentren aber stagnierenden Randgebieten mit entsprechend armer und latent arbeitsloser Bevölkerung gegenüberstehen, und solange nationale Flächenstaaten um Prestige und Rang innerhalb der Gemeinschaft streiten, wird der Zusammenschluß immer nur eine lockere Zollgemeinschaft bleiben – bedroht vom Austritt derjenigen, die sich benachteiligt fühlen und von der Vorherrschaft der ökonomisch Starken.

Carl Amery hat für die Losung des qualitativen Fortschritts, die ich hier im Auge habe, ein schönes Beispiel gefunden. Wenn nämlich im Zuge wachsender Freizeit immer mehr Menschen ihren persönlichen Gemüsebedarf (und vielleicht noch andere Nahrungsbedürfnisse) aus eigener Produktion decken würden – einfach deshalb, weil sie an dieser gärtnerischen Tätigkeit Freude haben und weil sie zur Verbesserung ihrer Umwelt beitragen wollen – dann würde mit Notwendigkeit das Bruttosozialprodukt der betreffenden Gesellschaft sinken (weil ein wachsender Teil der Konsumgüter nicht mehr als Waren auf den Markt käme, sondern von den Erzeugern selbst verzehrt oder an Freunde verschenkt würde). Vom Standpunkt einer volkswirtschaftlichen Ertragsrechnung wie vom Standpunkt der Betriebswirtschaft aus wäre eine solche Verlagerung als »Rückschritt« zu bewerten. Wollte man etwa die auf die Pflege des eigenen Kleingartens verwandte Arbeitskraft in Betracht ziehen, so würden die dort gezogenen Tomaten und Möhren, Salatköpfe und Erdbeeren vermutlich weit teurer zu stehen kommen als die Produkte mechanisierter Großgärtnereien. Die Bilanz sieht aber ganz anders aus, wenn man die *Arbeitsfreude* des Hobbygärtners gegen das (mögliche) *Arbeitsleid* des Gärtnereiarbeiters aufrechnet. Der Hobbygärtner hätte sich nicht nur – wenn auch nur partiell – zum Selbstversorger »zurückentwickelt«, er hätte sich auch ein Stück befriedigender Arbeit erobert.

Mag man das nun als »Schrebergartenideologie« zurückweisen oder nicht: angesichts einer Krise, die inmitten ausreichender Versorgung mit Konsumgütern eine unerträglich große Anzahl von Arbeitswilligen strukturell zu Dauerarbeitslosigkeit verurteilt, scheint es mir einfach unabdingbar, über die Zukunft einer Industriezivilisation nachzudenken, die zwar noch immer wachsende Warenmassen und gesteigerte Arbeitsproduktivität verspricht, aber als Kehrseite ebenso wachsende Bürokratisierung, Einschränkung der Freiheit, Neurotisierung in Großstädten, zunehmende Abstraktheit der (unbefriedigenden) Arbeit, Sinnleere und Vereinsamung inmitten von Menschenmassen erzeugt. Auf all diese Symptome reagiert die Gesellschaft bislang nur dadurch, daß sie stets neue warenförmige Aushilfsmittel produziert und offeriert: Beruhigungsmittel und Anti-Depressiva, Therapiegruppen und sinnvermittelnde Sekten mit orientalischen oder anderen Gurus. Eine Änderung der Lebensweise ist nicht nur ein notwendiger, er wäre auch der bei weitem weniger gefährliche Ausweg.

Jenseits falscher Alternativen

Rousseau hat das ihm so gern unterstellte Wort »retournons à la nature« nie ausgesprochen, weil er wußte, daß es keinen Weg zurück gibt. Wohl aber könnte es einen Weg zu einer Zivilisation geben, die in bewußter Bescheidung auf all diejenigen technologischen Errungenschaften verzichtet, die zu weiterer Zentralisation und Umweltzerstörung führen und ihre ganze Erfindungskraft auf umweltfreundlichere, für kleinere Gemeinschaften anwendbare Produktionsweisen lenkt. Die kleineren Gemeinschaften, die auf diese Weise entstünden, könnten durch die modernen Mittel weltweiter Kommunikation sich gegenseitig bereichern und voneinander lernen, ohne daß durch eine weitere Verdichtung des Verkehrs Boden und Atmosphäre zusätzlich belastet würden. Der neue Regionalismus brauchte weder ein neuer Primitivismus noch ein Provinzialismus zu sein.
Nietzsche hat Voltaire dafür gelobt, daß er es verstanden habe, »gewisse Vorurteile zugunsten der Erhaltung der Gesellschaft« zu verteidigen. Das heißt: Voltaire hielt an gewissen Überzeugungen und Wertvorstellungen fest, *obwohl* er wußte, daß sie nicht ausreichend legitimiert werden können. Damit spricht er das Dilemma eines postideologischen Zeitalters aus, das in Wahrheit ein Zeitalter des totalen Ideologieverdachtes ist. Rousseaus Ethik ist bisher wenig beachtet worden, weil man sie für eine schlichte Gefühlsethik hielt, die durch Kant endgültig widerlegt worden sei. Hinter der Verherrlichung des emotionellen Gewissens stand aber sein Begriff der »Liebe zur Ordnung«,

worunter Rousseau die Einsicht verstand, daß der Mensch (der Einzelmensch wie die Gattung) in bezug auf die Natur insgesamt sich einordnend zu verhalten habe, weil diese Ordnung an sich »schön« sei. Die einmal erkannte Schönheit der Ordnung wecke im Gemüt Liebe und verhelfe dadurch zu sittlicher Orientierung.

Vielleicht können wir – etwas modifiziert – mit dieser Fundierung der Ethik heute wieder etwas anfangen. Durch die Fähigkeit, die Ordnung der Natur, der Biosphäre, der ökologischen Zusammenhänge zu erkennen, und durch das *Wissen*, wie sehr die gesamte Natur auf ein »richtiges« Verhalten des Menschen angewiesen ist, der allein diese Ordnung zerstören oder pflegen, vernichten oder fördern kann – durch diese in Erfahrung gewonnene Einsicht ist die Menschheit, so scheint mir, heute *verpflichtet*. Auch wenn wir nicht mehr von einer göttlichen Schöpfungsordnung reden, so können wir doch aus der weiteren Erkenntnis ein höheres Maß von Pflicht ableiten. Die Menschheit mag nicht die »Krone der Schöpfung« sein; daß sie das Schicksal der Erde und ihrer Fauna und Flora ist, wissen wir heute nur zu genau. Nehmen wir an, daß die oberste Verhaltensregel, die aus solcher Erkenntnis resultiert, lautet: Die Menschen sollen ihr Zusammenleben und ihren »Stoffwechsel mit der Natur« so einrichten, daß eine möglichst große Vielfalt von Arten und Gemeinschaften friedlich koexistieren und ihre jeweilige Eigenart entfalten kann. Dann folgt aus dieser Verhaltensregel eine Änderung nicht nur des antagonistischen Verhaltens Mensch-Natur (die bisher »ausgebeutet« und »beherrscht«, nicht gepflegt und symbiotisch genutzt wird), sondern auch der Menschen untereinander.

Der Marxismus wollte die Überwindung des sozialen Antagonismus durch die höchste Steigerung dieses Antagonismus – im weltweiten Klassenkampf Bourgeoisie-Proletariat – zustandebringen. Im Zeitalter der Weltbürgerkriege mit ihren vernichtenden Perspektiven und angesichts der Länder des »realen Sozialismus« erscheint diese Aussicht nicht mehr als realistisch. Und auf eine selbstkritische moralische Korrektur der Menschheit zu hoffen, wird vermutlich von vielen als utopistisch angesehen. Dennoch halte ich den Weg einer »Moral- und Kulturrevolution«, wie er sich in den letzten Jahrzehnten mit all seinen Kehren und Irrwegen anbahnt, für den einzig denkbaren Ausweg. Denn wenn es bei dem Dilemma: totaler technokratischer Staat oder spontaneistische Anarchie sich verweigernder Kleingruppen, bliebe, wäre der Sieg der Technokraten schon heute gewiß.

Anmerkungen

1 Friedrich Nietzsche, »Aus dem Nachlaß der achtziger Jahre«, in: *Werke in drei Bänden*, hrsg. von K. Schlechta, München [7]1973, Bd. 3, S. 507 f.
2 Jean-Jacques Rousseau, *Œuvres complètes*, ed. par B. Gagnebin et R. Maral, Bd. 3, Paris 1964 (Bibliothèque de la Pleiade), S. 242.
3 Ebd., S. 525.
4 »Fragments politiques«, ebd., S. 510.
5 Ebd., S. 522.
6 Ebd.
7 *Dictionnaire Philosophique*, Art. »Tolérance«.
8 Ebd.
9 *Dictionnaire Philosophique*, Art. »Economie Publique«.
10 Ebd.
11 Richard Sennett: »Destruktive Gemeinschaft«, in: Alain Touraine [u. a.], *Jenseits der Krise. Wider das politische Defizit der Ökologie*, Frankfurt a. M. 1976, S. 132–158.

Das Recht, man selbst zu bleiben

Dorothee Sölle hat für den religiösen Menschen »das Recht, ein anderer zu werden« gefordert. Damit meint sie eine Art Recht auf Umkehr, auf seelische Erneuerung, auf Erhebung über die depravierenden und korrumpierenden Verhaltenszwänge, denen wir tagtäglich unterliegen. Wenn ich im folgenden vom »Recht, man selbst zu bleiben« spreche, dann will ich dieses Recht keineswegs dem moralischen oder religiösen Recht auf Selbsterneuerung und Wandel entgegenstellen. Es handelt sich eher um ein komplementäres Recht oder, noch genauer gesagt, um einen anderen Aspekt eines menschlichen Grundrechts, der uns vielleicht erst in den letzten zehn Jahren deutlich zum Bewußtsein gekommen ist.

Wer sind »wir«? Was ist jenes »selbst«, das »bleiben«, das nicht in Frage gestellt, ausgelöscht, willkürlich von außen her verändert werden möchte? Die Antwort auf diese Frage ist nicht ganz einfach. Wir sind nicht mehr so naiv, anzunehmen, daß unsere unverwechselbare Identität sich von selbst verstehe, daß sie durch unsere Einmaligkeit als physische Wesen schon ganz gegeben sei. Zu Menschen sind wir alle erst unter bestimmten kulturellen und sozialen Bedingungen geworden. Geboren werden wir als hilflose und schwache »Tiere«, allein mit der Möglichkeit, uns durch die primäre und sekundäre Sozialisation mit Hilfe anderer – in der Gesellschaft also – zu Menschen zu entwickeln. Sprache, Normen des Umgangs miteinander, Wertvorstellungen, religiöse oder weltanschauliche Überzeugungen, schließlich Sitten und Gebräuche, Wünsche, Hoffnungen usw., all das kommt erst durch den Umgang mit anderen, schon erwachsenen Menschen »in uns hinein«. Wir wachsen und werden im Kontakt mit unserer sozialen und kulturellen Umwelt. Dabei sind wir natürlich nicht nur das passive Resultat der Einwirkung von außen, sondern das Ergebnis der individuellen, persönlichen Verarbeitung dessen, was an uns herangetragen wird, während wir unsererseits auf unsere Umwelt zurückwirken. Ein Kind, mag es noch so klein sein, wirkt schon auf seine Umwelt ein. Seine Eltern und Geschwister werden in ihrem Verhalten durch es mitbestimmt, und im Laufe seines Heranwachsens nimmt die Bedeutung dieser Rückwirkung auf die Umwelt ständig zu.

Was wir »sind«, ist also Resultat einer Entwicklung und diese Entwicklung wurde nie allein von uns bestimmt. Etwas in uns – die Erbanlage, die physische Voraussetzung unseres Daseins – war vorgegeben, kulturelle und soziale Umwelt war ebenso schon vor uns da, und wir wurden »in sie hineingeboren«. Beidem können wir uns nicht entziehen. Wenn wir aber einen gewissen Reifegrad unserer Existenz erreicht haben, werden wir uns – im allgemeinen – mit unserem »Selbst«, so wie es jetzt geworden ist, identifizieren. Das heißt nicht, daß wir alles »an uns« gutheißen müßten. Wir sind – wenigstens im günstigen Fall – der Selbstkritik und damit auch der Selbsterziehung und Veränderung fähig, aber wir sind doch auch »selbst« zu einem sich seiner Identität bewußten Wesen geworden, und wir wünschen in dieser Identität erhalten zu bleiben. Wir wollen jetzt jedenfalls im Prinzip der (oder die) bleiben, der (oder die) wir geworden sind.

Vielleicht ist uns dieser Wille, dieser Wunsch erst heute voll zum Bewußtsein gekommen, weil die moderne Wissenschaft mannigfaltige Mittel entwickelt hat, um die Integrität und Identität der Person aufzuheben. Das beginnt mit der Möglichkeit chirurgischer Eingriffe ins menschliche Gehirn (»Lobotomie«) und führt über den »Elektroschock«, dessen genaue Wirkungsmechanismen wir noch gar nicht kennen, bis hin zu den in den letzten zwanzig Jahren entwickelten »Psychopharmaka«. Aber auch die Methoden der sogenannten »Gehirnwäsche«, der methodisch reflektierten, manipulativen Beeinflussung über das Bewußtsein gehören hierher. Obgleich ich diese Mittel insgesamt, da sie bekannt sind und viel diskutiert werden, nicht einmal für die bedenklichsten und gefährlichsten halte, will ich wenigstens kurz auf sie eingehen. Die Psychopharmaka haben in der Psychiatrie vor allem durch eine allzu großzügige Anwendung viel Schaden angerichtet. Sie dienen der Stillegung der Patienten »von innen«, die man früher mit Zwangsjacken und gepolsterten Zimmern (Gummizellen) – also »von außen« – erzielen konnte, sie korrigieren Depressionen und machen Epileptiker wieder arbeitsfähig. Sie beheben aber nicht die psychischen Verletzungen, die die Wurzel jener Erkrankungen der Seele sind. Im Unterschied zu psychotherapeutischen Maßnahmen sind sie rasch wirksam und damit entsprechen sie dem Trend unserer hochindustriellen Zivilisation. Dieser Trend läßt sich ein wenig vereinfacht dadurch charakterisieren, daß er dazu tendiert, warenförmige Produkte, die mit einem Minimum an Arbeitsaufwand (also billig) erzeugt werden können, an die Stelle von persönlichen, direkten Hilfsleistungen zu setzen. Unser westliches Wirtschaftssystem ist auf Kostenersparnis und Nutzenmaximierung programmiert. Mit möglichst wenig Aufwand soll eine möglichst große Wirkung, d. h. Warenproduktion, erzielt werden. In der Logik dieser Entwicklung liegen vollautomatisierte Fabriken, aber auch Kern-Energie und atomare Rüstung. Stets wird der Wirkungsfaktor ins maximale gesteigert. Eine kleine Pille tritt an die Stelle monate- und jahrelanger psychischer Behandlung. Ein Fernsehgerät ersetzt den geselligen Umgang und liefert jedem Empfänger die besten Pianisten, Schauspieler und Rezitatoren frei Haus. *Ein* Clown genügt für Millionen; *eine* Schachtel Pillen ersetzt Dutzende, ja Hunderte von Therapeuten oder soll es doch tun.

Mit der Steigerung der Wirkung von Mitteln wird aber zugleich die Macht derjenigen ungemein gesteigert, die über jene Mittel verfügen. Aufgrund von Untersuchungen über die Wirkung von Medikamenten verfügen Fachleute über Kenntnisse, die es ihnen – theoretisch – ermöglichen, ihre

Mitmenschen zu »manipulieren«. Es ist begreiflich, daß auch manche Politiker schon von solchen Möglichkeiten fasziniert sind. Der polnische Science-Fiction-Autor Stanisław Lem hat in seinem Roman *Der futurologische Kongreß. Aus Ijon Tichys Erinnerungen* nur die Tendenzen ein wenig utopisch radikalisiert, die es bereits in der Gegenwart gibt. So hat z. B. ein amerikanischer Soziologe vorgeschlagen, den farbigen Stadtbewohnern in Kalifornien von Staats wegen kostenlos Klimaanlagen zu schenken und auch deren Betriebskosten zu übernehmen, weil erfahrungsgemäß nur bei besonders schwüler und feuchtwarmer Luft Aufstände ausbrächen, die auf diese Weise also relativ »preiswert« verhindert werden könnten. Und schon 1971 hat ein amerikanischer Psychologe (es war der damalige Präsident der »Psychologischen Gesellschaft«) allen Ernstes vorgeschlagen, man solle versuchen, künftig soziale Konflikte durch staatlich verordnete Psychopharmaka zu »lösen«. Ein bissiger Kommentator meinte dazu, vermutlich werde dann ein Fernsehansager mit strenger Miene alle Zuschauer im Lande abends fragen: »Haben Sie heute schon Ihre Zufriedenheitspille genommen?« Es könnte übrigens sein, daß Stanisław Lem gerade *diesen* Bericht zum Anlaß für seine Erzählung genommen hat, die 1972 in Polen erstmals veröffentlicht wurde. Lem berichtet dort von einem mittelamerikanischen Land, dessen Bevölkerung dadurch zur passiven Erduldung einer unmenschlichen Diktatur veranlaßt wird, daß dem *Trinkwasser* entsprechende pharmazeutische Zusätze beigemischt worden sind. Der Erzähler berichtet wie folgt von seiner Entdeckung, die er an sich selbst nach dem Genuß von Trinkwasser macht: »Im Wasser mußte etwas drin sein! Aber was? Gift? Mir war keines bekannt, das auf diese Art... Oder doch! Halt! Ich bin ja ein fleißiger Abonnent der wissenschaftlichen Fachpresse. ›Science News‹ hatte kürzlich über neue psychotrope Mittel aus der Gruppe der sogenannten Benignatoren oder Gutstoffe berichtet, die dem Geist gegenstandslose Freude und Heiterkeit aufzwingen.

Natürlich! Wie gedruckt stand mir die Meldung vor dem geistigen Auge: Hedonil, Benefizil, Edelpassionat, Euphorasol, Felixol, Altruisan, Schmusium und Unmengen von Derivaten! Bei Ersatz der Hydroxylgruppen durch Amidgruppen gewinnt man andererseits aus denselben Ausgangsstoffen Furiasol, Rabiat, Sadin, Flagellan, Aggressium, Frustrandol, Amokgeist und viele andere wutbildende Präparate aus der sogenannten Moritatgruppe (wie der Name sagt, nötigen sie zu Grausamkeit gegen alles Lebende und Leblose im Umkreis; am wirksamsten sind angeblich Trampelin und Prygelin).«[1] Stanisław Lem schildert dann auch noch die Konfusionen, die dadurch entstanden sind, daß Regierungsflugzeuge versehentlich Benignatoren auf ihre eignen Polizeikräfte absprühen statt auf die Aufständischen, wodurch die Polizisten in einen wahren Selbstanklage- und Gütigkeitsrausch versetzt werden und allen Anwesenden tränenüberströmt die Hände küssen. So lustig auch die geschilderten Szenen sein mögen, die gemeinte Sache ist ernst genug.
Von der Manipulation durch Psychopharmaka führt ein wesentlicher Schritt weiter zur Manipulation der Gene, die auch in der Bundesrepublik neuerdings schon vereinzelte Anwälte hat. Die Wissenschaft, so lautet hier die Forderung, solle sich darum bemühen, durch Genveränderung unerwünschte Eigenschaften, wie Kurzsichtigkeit und andere Erbleiden, zu eliminieren. Hier geht es um das Recht der »Ungeborenen« und man könnte vielleicht – mit den Anwälten der Genveränderer – argumentieren, daß diese auch ein Recht darauf hätten, mit optimalen Erbeigenschaften geboren zu werden, sobald die Menschheit einmal über Mitte zur Verhinderung unerwünschter, das Leben beeinträchtigender Eigenschaften verfüge. Doch lassen wir diese Frage einmal auf sich beruhen. Mir kommt es ja auf »das Recht, man selbst zu *bleiben*« an. Dieses Recht, so glaube ich gezeigt zu haben, ist in der Tat potentiell bedroht. Es bedar der Bewußtmachung und der Verteidigung wie andere Men

schenrechte. Als im 18. Jahrhundert Grundrechtskataloge von bürgerlichen Revolutionären entwickelt wurden, dachte man zunächst nur daran, daß Leib und Leben gegen willkürliche Verletzung sowohl durch die Obrigkeit als auch durch Privatpersonen geschützt werden müßte. In diesem Sinne wurde »Freiheit« in erster Linie als Sicherheit der Person vor Angriffen auf ihr Leben verstanden. An subtilere und raffiniertere Formen der Beeinträchtigung als die eben geschilderten konnte man damals noch nicht denken.

Das »Recht, man selbst zu bleiben« ist zweifellos ein konservatives Recht. Es will ja etwas bewahren, konservieren. Aber zugleich ist es ein Freiheitsrecht, ähnlich wie die, welche zu Beginn des bürgerlichen Zeitalters von Revolutionären gefordert wurden. Diese neue Verbindung gilt es zu verstehen. Die Gefährdungen des Rechts, man selbst zu bleiben, von denen ich bisher gesprochen habe, sind leicht erkennbar und liegen auf der Hand. Es ist daher auch zu erwarten, daß ihnen in ausreichendem Maße Widerstand geleistet wird, jedenfalls überall dort, wo es öffentliche Kritik und freie Meinungsbildung gibt. Anders sieht es jedoch mit einer Art von Deformation aus, die nicht so sichtbar zutage liegt und die dennoch ganz erheblich auf unser Sosein und unser Verhalten einwirkt.

Unser »Sosein«, unsere tradierte Lebensweise, unser überkommenes Selbstverständnis, unsere Werthaltungen, unsere Hoffnungen, unser Weltbild – das alles geht auf jahrhundertealte Entwicklungen und Überlieferungen zurück. Wir, so wie wir in unserer besonderen Kultur wurzeln, sind Individualitäten nur auf der Grundlage solcher gemeinsamen Individualitäten: bestimmter Kulturkreise, Sprachgebiete, religiöser Gemeinschaften und damit zusammenhängender Gewohnheiten und Gebräuche. Das alles aber: unser individuelles wie unser soziales Sosein, unsere nationale, unsere ethnische, unsere religiöse und unsere kulturelle Individualität, wird durch den weltweiten Prozeß der kapitalistischen – aber auch den mit ihr konkurrierenden der staatssozialistischen – Industrialisierung bedroht. Pier-Paolo Pasolini hat in seinen *Freibeuterschriften*[2] herausgearbeitet, wie sehr das Italien der letzten zehn bis zwanzig Jahre an kultureller Vielfalt, Farbigkeit, Individualität und partikularer Eigenart verloren hat. Aus einer bunten Vielfalt von bäuerlichen, städtischen, schichtenspezifischen Besonderheiten, Kulturen und Subkulturen hat sich – der Tendenz nach – eine homogene Konsumgesellschaft entwickelt, in der sich die isolierten und konkurrierenden Einzelnen nur noch am Maßstab ihres individuellen Einkommens und ihrer individuellen Konsumchancen »messen« und in der sie im Grunde allesamt unglücklich sind, so sehr auch – statistisch gesehen – ihr »Lebensstandard« gestiegen sein mag. Die lokalen Dialekte und Gebräuche sind geschwunden, die unterschiedlichen Kleidungen der sozialen Gruppen und ihr spezifisches Gruppen-Selbstbewußtsein ist ausgelöscht. An die Stelle des trotzig und vergnügt sein Lied pfeifenden Schusterjungen ist ein traurig vermummter Allerwelts-Konsum-Bürger getreten, der sich seines niedrigen Status' innerhalb der Konsum-Pyramide traurig bewußt ist und der zugleich die soziale Verpflichtung fühlt, auf eine trist machende Weise angestrengt fröhlich und optimistisch zu sein. Die Massen-Konsumgesellschaft, die sich zugleich als Leistungskonkurrenzgesellschaft präsentiert, weist gebieterisch allen ihr Verhalten an. Sie nimmt ihnen ihre tradierte Individualität und schmilzt sie in die graue, homogene Masse der industrialisierten Stadtbewohner ein. Das Fernsehen läßt die Stätten sozialen Lebens veröden, nimmt der lokalen Kultur ihren Glanz und verwandelt noch religiöse Zeremonien (wie die Papst-Krönung) in Show-Business oder Touristenattraktionen. Die Industriezivilisation erfüllt materielle Versprechungen und erweckt unersättliche Hoffnungen. Sie macht begierig und traurig, und sie nivelliert auf eine inhumane Weise. Zugleich mit der Besonderheit der sozialen Gruppen und der Eigenart der Individuen, die auch von der Mode dazu angehalten werden, sich gleich zu kleiden, wobei ihnen

obendrein noch von der Werbung suggeriert wird, wie »einmalig« sie auf diese Weise sind, wird auch die natürliche und die kulturelle Umwelt zerstört.
Durch die Verwandlung der Stadtkerne unserer Großstädte in Verwaltungs-, Verkaufs- und Vergnügungsviertel ist in den Jahren nach dem Zweiten Weltkrieg in der Bundesrepublik mehr an traditioneller Bausubstanz zerstört worden als durch die schweren Bombenangriffe der Amerikaner und Engländer während des Krieges! Viele Städte haben ihr eigentümliches »Gesicht« über diesem Verwandlungsprozeß vollständig verloren. Ein Kaufhaus gleicht dem anderen, ein Verwaltungsgebäude eifert dem anderen nach. In den um die alten Stadtkerne herum entstehenden Neubauvierteln triumphiert eine technologisch-perfekte Einfalls- und Gesichtslosigkeit, die den Psychoanalytiker Alexander Mitscherlich dazu veranlaßte, von der »Unwirtlichkeit unserer Städte« zu reden. Hier, beim Städtebau, hat sich allerdings auch zuerst eine Gegentendenz gemeldet. Jungsozialisten und Bürgerinitiativen begannen die Reste gewachsener Wohnviertel und traditioneller Altstädte gegen Bauspekulanten und Stadtverwaltungen zu verteidigen. Selbst Villen und öffentliche Gebäude, die kaum hundert Jahre alt waren, wurden unter Denkmalschutz gestellt oder doch vor der Zerstörung im Namen der »Altstadt-Sanierung« bewahrt. Menschen brauchen, um human zu wohnen und zu leben, nicht nur ein gewisses Maß an materiellem Schutz durch ein Dach über dem Kopf, sie brauchen auch eine Wohnstätte, eine Stadt, eine Gemeinde, die sie individuell als die ihre innerlich empfinden und wiedererkennen können. Selbst von einem ganz nüchternen, utilitaristischen Standpunkt aus erweist sich das scheinbar »Überflüssige«, ein Turm, ein altes Schloß, ein historisches Rathaus, eine gotische Kirche als »lebensnotwendig«. Menschen wollen auch wissen und vor allem fühlen, wohin sie »gehören«. Ihre Heimat ist nicht nur ein Haufen Steine! An die Stelle der noch vor weniger als zehn Jahren überall geforderten »autogerechten« Stadt

beginnt die Forderung zu treten, daß Städte vor allem für Menschen dasein sollten, die sich in ihnen zuhause fühlen wollen. Übrigens haben die Polen die Bedeutung der traditionellen Bauten für das Selbstbewußtsein und Heimatgefühl ihrer Landsleute schon früh erkannt und bereits während der Notjahre unmittelbar nach dem Krieg sofort mit dem Wiederaufbau der historischen Stadtkerne von Warschau, Danzig, Breslau und anderer Orte begonnen.

Von vielleicht noch größerer Bedeutung als die ästhetische Zerstörung der kulturellen wie der natürlichen Umwelt durch das wilde Wachstum der kapitalistischen Industriezivilisation ist die lebensbedrohende Gefährdung durch die Vernichtung von Pflanzenarten, Tierarten und ökologischen Gleichgewichtssystemen, aber auch die Zerstörung moralischer Verhaltensweisen, die Desavouierung bestimmter sittlicher Normen, die zwar in Europa noch jahrhundertelang den Aufstieg des Industriekapitalismus begleitet und sogar gefördert oder doch erleichtert haben, jedoch heute immer stärker von eben diesem sozialökonomischen System bedroht und zerstört werden. Fred Hirsch, ein englischer Soziologe und Ökonom, erklärt in seinem Buch *Die sozialen Grenzen des Wachstums*: »Das Problem besteht darin, daß die Verfolgung privater, wesentlich individualistischer Ziele durch Unternehmungen, Konsumenten und Arbeiter – d. h. die typisch kapitalistischen Werte, die dem System seine Dynamik verschaffen – an einigen Schlüsselstellen durch eine strikte gesellschaftliche Moral beschränkt sein muß, die das System selbst jedoch eher zerstört als aufrechterhält [...]. Die Sozialmoral, die als moralische Basis für den ökonomischen Individualismus gedient hat, war ein Erbe aus vorkapitalistischen Zeiten. Dieses Erbe ist aber – im Kontakt mit den aktiven kapitalistischen Werten – im Laufe der Zeit aufgebraucht worden, wobei die größere Anonymität und Mobilität der Industriegesellschaft den Ausschlag gab [...]. Diese Abschwächung traditioneller Werte hat vorwiegend kapitalistische Gesellschaften immer unregierbarer gemacht, d. h. schwieriger durch Staatsintervention zu lenken.«[3] Das verantwortete Management des Wirtschafts- und Sozialsystems wurde – infolge von dessen Komplexität und Dynamik – immer notwendiger, infolge der Abschwächung der Wirkung sozialer Verhaltensnormen aber zugleich auch immer schwieriger. Aus diesem Grunde mußten in wachsendem Maße Gesetze und Verordnungen sowie steuerliche Belohnungen und »Bestrafungen« an die Stelle der moralischen Verhaltensnormen treten. Der kapitalistische Interventionsstaat verläßt sich nicht auf »tugendhafte Bürger«, sondern zählt auf den Homo oeconomicus, der seinen Nutzen rational kalkuliert. Dabei muß allerdings auf der anderen Seite, wie wir gleich sehen werden, bei einer Mehrheit zumindest der Behördenvertreter und der Richter noch immer die Wirksamkeit traditioneller, vorkapitalistischer Wertnormen und Verhaltensweisen unterstellt werden können, wenn anders das Sozial- und Wirtschaftssystem funktionsfähig bleiben soll.

»Allgemein können soziale Zwänge individuellen Verhaltens im Interesse der Gemeinschaft am besten dadurch durchgesetzt werden, wenn sie als Pflichtbewußtsein verinnerlicht werden. Diese Zwänge werden aber um so notwendiger, je größer eine Gemeinschaft wird.«[4] In kleinen, überschaubaren Dorfgemeinschaften genügt im allgemeinen die gegenseitige Kontrolle des Sozialverhaltens durch die Nachbarn (die sich gegenseitig kennen), um sozialkonformes Verhalten auch ohne manifesten äußeren Zwang sicherzustellen. In Städten dagegen fällt dieser kontrollierende Druck durch die Nachbarschaft weg, was von vielen Individuen als eine Art von »Befreiung« empfunden wird. Zugleich aber müssen soziale Normen in zunehmendem Maße verinnerlicht werden, wenn soziales Chaos vermieden werden soll. Ohne diese Verinnerlichung würden die Gemeinschaftsinteressen notwendig vernachlässigt werden. Die entscheidend wichtige Funktion der großen Religionen ist es unter anderem gewesen, solche verinnerlichten Verhaltensnormen für Menschen, die in größeren Gemeinschaften – Städten und Staaten – lebten, zu lehren und zu verbreiten. »Wahrheit, Vertrauen, Anerkennung, Zurückhaltung, Selbstbeherrschung, Pflichtgefühl – das sind einige der sozialen Tugenden, die auf der Grundlage religiösen Glaubens entstanden sind und die auch jetzt noch eine wichtige Rolle für das Funktionieren einer individualistischen, auf einer Vertragswirtschaft beruhenden Gesellschaft spielen.«[5] Aber auch wenn religiös fundierte Normen eine nützliche soziale Funktion für das Marktsystem gehabt haben, sind sie doch keineswegs aus diesem Grunde entstanden, es handelt sich vielmehr um ein glückliches und zufälliges Erbe, das »durch die Gegengewalt und Stärke, die die Werte des Marktes repräsentieren, notwendig geschwächt wird. [...]. Im Grunde war das Marktsystem weit abhängiger von religiösen Bindungen als das feudale, da in ihm alle sozialen Bande, die durch gegenseitige Verpflichtungen, Sitte und Status entstanden sind, aufgehoben sind. Aber die rationalistische und individualistische Grundlage der Marktökonomie unterminiert ihre eigene religiöse Stütze.«[6]

Diesen Gegensatz zwischen den moralischen Normen der Tradition und den Verhaltensregeln der Marktökonomie hat schon Karl Marx seinerzeit hervorgehoben, auch wenn damals, infolge der begrenzten Ausbreitung der neuen Wirtschaftsweise, die selbstzerstörerischen Konsequenzen dieses Gegensatzes noch nicht deutlich geworden waren: »Wenn ich den Nationalökonomen frage: Gehorche ich den ökonomischen Gesetzen, wenn ich aus der Preisgebung, Feilbietung meines Körpers an fremde Wollust Geld ziehe (die Fabrikarbeiter in Frankreich nennen die Prostitution ihrer Frauen und Töchter die Xte Arbeitsstunde, was wörtlich wahr ist), oder handle ich nicht nationalökonomisch, wenn ich meinen Freund an die Marokkaner verkaufe (und der unmittelbare Menschenverkauf als Handel der Konskribierten etc. findet in allen Kulturländern statt), so antwortet mir der Nationalökonom: Meinen Gesetzen handelst du nicht zuwider; aber sieh dich um, was Frau Base Moral und Base Religion sagt; meine nationalökonomische Moral und Religion hat nichts gegen dich einzuwenden, aber – Aber wem soll ich nun mehr glauben, der Nationalökonomie oder der Moral? – Die Moral der Nationalökonomie ist der Erwerb, die Arbeit und die Sparsamkeit, die Nüchternheit – aber die Nationalökonomie verspricht mir, meine Bedürfnisse zu befriedigen. – Die Nationalökonomie der Moral ist der Reichtum an gutem Gewissen, an Tugend etc., aber wie kann ich tugendhaft sein, wenn ich nicht bin, wie ein gutes Gewissen haben, wenn ich nichts weiß? Es ist dies im Wesen der Entfremdung gegründet, daß jede Sphäre einen anderen und entgegengesetzten Maßstab an mich legt, einen anderen die Moral, einen anderen die Nationalökonomie, weil jede eine bestimmte Entfremdung des Menschen ist und jede einen besonderen Kreis der entfremdeten Wesenstätigkeit fixiert, jede sich entfremdet zu der anderen Entfremdung verhält.«[7] Und in der *Deutschen Ideologie* heißt es lapidar von der »großen Industrie«: »Sie universalisierte [...] die Konkurrenz [...] stellte die Kommunikationsmittel und den modernen Weltmarkt her, unterwarf sich den Handel, verwandelte alles Kapital in industrielles Kapital und erzeugte damit [...] die Zentralisation der Kapitalien. Sie zwang durch die universelle Konkurrenz alle Individuen zur äußersten Anspannung ihrer Energie. Sie vernichtete möglichst die Ideologie, Religion, Moral etc., und wo sie dies nicht konnte, machte sie sie zur handgreiflichen Lüge.«[8] In der gleichen Schrift macht Marx auch schon auf das ambivalente Verhältnis des Bourgeois zu seiner selbstproklamierten Moral aufmerksam: »Der liederliche Bourgeois umgeht die Ehe und begeht heimlichen Ehebruch; der Kaufmann umgeht die Institution des Eigentums, indem er andere durch Spekulation, Bankerott pp. um ihr Eigentum bringt [...]. Dies Verhältnis des Bourgeois zu seinen Existenzbedingungen erhält eine seiner allgemeinen Formen in der bürgerlichen Moralität.«[9] Was Marx allerdings noch nicht sieht, ist, daß mit der schrittweisen Zerstörung ihres vorkapitalistischen moralischen »Erbes« die kapitalistische Produktionsweise sich auf die Dauer selbst zerstört, weil sie den Boden wegzieht, auf dem allein sie lebensfähig ist. Ein handgreifliches Beispiel für diese Selbstzerstörung erwähnt Hirsch – nach Kenneth Arrow, *Gifts and Exchanges*[10] –: »Wenn Richter ihre Dienste und Entscheidungen regelmäßig an den höchsten Bieter verkaufen würden, dann würde dadurch nicht nur das Rechtssystem, sondern auch die Eigentumsordnung total verunsichert werden. In der Ära nach Watergate kann man hinzufügen: auch Präsidenten. Wenn alles privat angeeignet werden kann, auch der Richter und sein Urteil, dann kann nichts mehr sicher als Privateigentum bleiben. Denn wer wird dann noch das System vor dem Unternehmer bewahren, der imstande ist, genug Kredit zusammenzubringen, um den obersten Richter und mit seiner Hilfe alles andere zu kaufen? Oder mit den Worten Arrows: ›Es beruht also die Festigkeit der Eigentumsrechte, auf denen das Preissystem beruht, ausgerechnet darauf, daß Privateigentum und Preissystem nicht verallgemeinert werden.‹«[11]

Wenn aber das kapitalistische Wirtschaftssystem schon zerstörerisch auf die europäische Gesellschaft und ihre Wertordnung eingewirkt hat und dort nur deshalb so lange lebensfähig blieb, weil durch einen glücklichen Zufall in erheblichem Umfang moralische Verhaltensnormen aus vorkapitalistischen Zeiten durch Religion tradiert, verinnerlicht und stabilisiert worden waren, dann nimmt es nicht weiter wunder, wenn das gleiche Wirtschaftssystem dort, wo es – obendrein im Interesse fremder Kolonialherren oder industrialisierter Metropolen in einem bereits hoch perfektionierten Zustand – eingeführt wurde, noch weit verheerender gewirkt hat. Wir sehen heute, weit deutlicher noch als Karl Marx, vor allem diese zerstörerische Seite des Industriekapitalismus und der Industriezivilisation überhaupt. Wir sehen sie nicht nur als Zerstörerin der natürlichen Ressourcen und der Umwelt, sondern auch als Gefährdung der seelischen Gesundheit und der kulturellen wie religiösen Identität und Integrität zahlreicher Völker und Gesellschaften. Gegenüber dieser zerstörerischen Seite tritt heute der von Marx noch so deutlich hervorgehobene fortschrittliche Aspekt zurück, wenn er auch nicht total geleugnet werden kann und darf. Fortschritte etwa der Medizin – so ambivalent sie auch in mancher Hinsicht sein mögen, wenn man an die Kostenexplosion und die Verapparatung der Diagnose und Therapieformen sowie die Pharmaindustrie denkt – sind doch unbezweifelbar. Viele Seuchen sind verschwunden, Volkskrankheiten ausgerottet. Das Kindbettfieber ist in vielen Ländern unbekannt, die Lebenserwartung ist gestiegen. Aber immer deutlicher wird auch der Preis, der für diesen Fortschritt gezahlt werden mußte. Wenn Marx noch voller Begeisterung davon sprach, daß die Bourgeoisie sich eine »Welt nach ihrem Bilde« geschaffen habe und daß an die Stelle der Vielfalt und des agrarischen Idiotismus nunmehr »eine Welt, ein Weltmarkt und eine Weltliteratur« getreten sei, so stimmt uns diese Zukunftsvision heute eher skeptisch. Gegenbewegungen machen deutlich, daß mehr und mehr Menschen diese Skepsis teilen und der einebnenden, homogenisierenden Gewalt des Weltmarktes und der nivellierenden Industriezivilisation Widerstand entgegenzusetzen beginnen.

Ganze Völker und Völkerschaften besinnen sich angesichts der Bedrohung ihrer traditionellen Identität auf ihr »Recht, sie selbst zu sein«. In den ältesten zentralisierten Nationalstaaten Europas: in Spanien, England und Frankreich, sind eine Reihe regionaler Bewegungen entstanden, die Ausdruck dieses Bedürfnisses nach Individualität, ethnischer Partikularität und Heimat sind. Iren (katholische Iren) in Nordirland, Schotten, Walliser, Bretonen, Basken, Korsen und Katalanen haben sich auf ihre ethnisch-kulturelle Besonderheit besonnen und fordern von den Zentralregierungen die Respektierung ihrer Eigenart. Rückblickend werden wir der

repressiven und terroristischen Züge gewahr, die im Zentralismus der Französischen Revolution und der anderen bürgerlichen Staats- und Nationwerdung enthalten waren. In der französischen Nationalversammlung wurde 1791 der Gebrauch des Argots als »konterrevolutionär«, die Hochsprache als allein progressiv und revolutionär bezeichnet. Schließlich wurde die Verwendung der Mundart sogar mit schweren Strafen belegt. Erst heute beginnt sich eine umgekehrte Wertung langsam wieder Bahn zu brechen. Der straffe politische Zentralismus, der den Boden für das rasche Wachstum der warenproduzierenden Gesellschaft bereitete, erscheint uns heute kaum noch als Befreiung aus provinzieller Enge, eher schon als Vergewaltigung und Zwang. Vielleicht ist es auch kein Zufall, daß die meisten der eben genannten ethnischen Gruppen in Europa Kelten sind, ein Volk, dem Jahrhunderte hindurch die Bildung eines eigenen, selbständigen Staates verweigert wurde.
Auch unterhalb der Völkerschaften, die nach größerer kultureller Autonomie streben, bilden sich Widerstandsformen heraus, die ich in den Umkreis der Verteidigung des »Rechtes, man selbst zu bleiben« einbeziehen möchte. Am signifikantesten waren vielleicht die Bauern- und Bürgerinitiativen, die sich dem Bau eines Kernkraftwerkes in Wyhl widersetzten. Weinbauern bangten dort um die Fortsetzung ihrer Existenz, Studenten schlossen sich ihnen an, und über die Grenzen von Frankreich, der Schweiz und der Bundesrepublik hinweg kamen die Verteidiger ihrer Heimat zusammen. Dabei entdeckten sie die Kommunikationsmöglichkeiten über ihren gemeinsamen Dialekt, den auch einige der Studenten sprachen, und besannen sich sogar auf ihre gemeinsame Geschichte bis zurück zu den Bauernkriegen des 16. Jahrhunderts. Jenseits und unterhalb der offiziellen zwischenstaatlichen Beziehungen bildete sich eine neue Gemeinschaft heraus, die Dialekt, Geschichte und aktuelle politische Interessen miteinander verband.
Ein Beispiel für die erfolgreiche Verteidigung überkomme-

ner Arbeits- und Lebensweisen gegen die Verlockung durch eine rücksichtslos dynamische Modernisierung stellt die Verweigerung des EG-Beitritts durch eine Mehrheit der norwegischen Bevölkerung dar. Alle großen Parteien, die Unternehmerverbände wie die Gewerkschaften hatten seinerzeit für den Beitritt geworben, aber eine seltsame Allianz von Konservativen und jungen Linken brachte binnen kürzester Zeit eine so massenhafte Gegenbewegung zustande, daß aus einer Volksabstimmung schließlich die Ablehnung des Beitritts resultierte. Dabei ging es den meisten Norwegern ganz bewußt um die Aufrechterhaltung ihrer bisherigen Lebensweise, um den Fischfang durch kleine, selbständige Fischer, die in weit zerstreut liegenden Dörfern wohnen und nur über ein relativ niedriges Durchschnittseinkommen verfügen. Die Alternative aber: Verstädterung, schwimmende Fischfabriken, die Personalkosten einsparen, und die Verwandlung der übrigen selbständigen Fischer in Arbeiter und Angestellte von Fabriken, die für den in- und auswärtigen Markt produzieren – diese Alternative schreckte mehr ab, als sie verführte. Der höhere materielle Lebensstandard, den der EG-Beitritt in Aussicht gestellt hatte, war der Mehrheit der Norweger weniger wert als die Beibehaltung ihrer bisherigen Arbeits- und Lebensweise. Sie hatten ihr Recht, sie selbst zu bleiben, erfolgreich geltend gemacht. Noch vor wenigen Jahren hätte man diese Haltung vermutlich romantisch genannt und belächelt. Seit das Bewußtsein für die Ambivalenz des industriellen Fortschritts gewachsen ist, gibt es mehr Verständnis für sie.

Wenn ich nun die islamische Revolution im Iran – wenigstens in einem ihrer Aspekte – richtig verstanden habe, dann ist sie auch ein Versuch, das »Recht des iranischen Volkes, es selbst zu bleiben«, zu wahren, die Bemühung, von Überfremdung und sittlicher Zerstörung zu befreien. Die gewaltsame und von dem Regime des Schah geförderte »Verwestlichung« des Landes, die auf Kosten der Masse der Bevölkerung und vor allem auch auf Kosten seiner islamischen

Identität ging, sollte rückgängig gemacht werden. Hans A. Fischer-Barnicol hat in seinem Buch *Die islamische Revolution* über die erzwungene Verwestlichung der islamischen Staaten im Lauf des 19. und 20. Jahrhunderts gesagt: »Diese [durch keine scharfen Klassenschranken und große Solidarität – bei durchaus vorhandenen erheblichen Eigentumsunterschieden – gekennzeichnete, I. F.] Gesellschaft mit der ihr eigentümlichen Brüderlichkeit wurde von den europäischen Kolonialmächten des 18. und 19. Jahrhunderts unterworfen. Das geschah meistens indirekt, durch die schleichende Korruption der Herrschenden – ein Verfahren, das bis heute nicht aufgegeben worden ist. So sind die indischen Fürstentümer, so die Könige Afghanistans, die persischen Kaiser, die Emirate des Golfs, so das ägyptische Königtum und das türkische Sultanat allmählich diskreditiert worden. Keine militärische Niederlage zerstört so nachhaltig wie der moralische Untergang der eigenen Hierarchien. Er zeigt, wie preiswert die Regenten ihre menschliche Würde und damit die muslimische Ehre verschleudern. Die europäische Politik scheint es damals wie heute darauf abgesehen zu haben, die eigene Prinzipien-Blindheit [gemeint ist die moralische Selbstzerstörung, von der ich soeben sprach, I. F.] dadurch zu rechtfertigen, daß sie die geistigen und ethischen Grundlagen zersetzt, aus denen das Rechtsempfinden und die Wertordnungen der anderen Kulturen erwachsen. Eine geschichtslose Zivilisation der Enterbten bestätigt sich, indem sie andere Kulturen um ihr Erinnerungsvermögen bringt. Wer sich schämt, will das Gedächtnis verlieren.«[12] Fischer-Barnicol schildert den Tatbestand eindrucksvoll. Er irrt, glaube ich, nur, wenn er eine bewußt planende Absicht unterstellt. Die ökonomisch denkenden Europäer und Amerikaner exportierten einfach ihre eigenen Verhaltensweisen und wurden so zu Trägern der gleichen Zerstörung, die sie daheim bereits praktiziert hatten, nur daß infolge des massiven und plötzlichen Eindringens kapitalistischer Produktions- und Distributionsformen diese Zerstörungen hier noch weit verheerender und rascher wirkten.

Den historischen Zusammenhang sieht übrigens Fischer-Barnicol im Prinzip ganz richtig: »Bevor wir [Europäer] die anderen ausbeuteten, haben wir uns selbst ausgebeutet; bevor wir anderen Gewalt angetan haben, waren wir uns selbst gegenüber gewalttätig. So gehören auch Frühkapitalismus und Kolonialismus als Phänomene zusammen.«[13] Man kann hinzufügen: genauso wie Spätkapitalismus und Imperialismus. »Und was den Islam angeht, sollten wir ihm gegenüber eingestehen, daß ihm nicht, weil er fremd, sondern weil er im genauen Sinn der ›Nächste‹ gewesen ist, Arges zugefügt wurde.« Fischer-Barnicol denkt hier an die bis heute in der islamischen Welt traumatisch erinnerte grausame Ermordung der Bevölkerung von Jerusalem während des ersten Kreuzzuges und an die spätere totale Verleugnung und Verdrängung der Erinnerung an das islamische Erbe, ohne das die Erneuerung der Antike in Philosophie, Medizin, Mathematik und Naturwissenschaft des Mittelalters nicht denkbar gewesen wäre, von den Produktionstechniken ganz zu schweigen, die damals von Europa übernommen wurden. Damit, mit der bewußten Freimachung von Verwestlichung und Überfremdung, muß keineswegs die Verurteilung der gesamten westlichen Technik verbunden sein, wohl aber die Zurückweisung jener sittlich zerstörerischen und die Eigenart der nationalen und religiösen Traditionen gefährdenden Einflüsse. Mir scheint, unser Verständnis für diese Haltung könnte durch Reflexionen wie die von mir angestellten wachsen. Wenn schon in Europa selbst die selbstzerstörerischen moralischen und kulturellen Wirkungen der industriekapitalistischen Massenkonsumgesellschaft so deutlich zutage treten, daß sich überall Unbehagen und Widerstand in den unterschiedlichsten Formen zu zeigen beginnt, wieviel verständlicher wird dann der gleiche Widerstand in außereuropäischen Ländern? Die verzweifelten Aktionen italienischer Terroristen und der resignierte Rückzug von Jugendlichen in Subkulturen oder in den Drogenkonsum, sie sind nur Reaktionen auf eine Industriezivilisation, die so brutal und zügellos geworden ist, daß immer weniger Menschen ihr standzuhalten vermögen. Pasolini hat 1975 in einem Artikel des *Corriere della Sera* den Zusammenhang zwischen den Akten von Terroristen und der alltäglichen Gewalt der westlichen Industriezivilisation eindrucksvoll beschrieben: »Was macht es denn möglich, fragt er, daß Bombenattentate heute tatsächlich durchführbar sind – ganz konkret in den einzelnen Handgriffen, in ihrer unmittelbaren Ausführung –, nachdem der Plan dazu einmal da ist? Die Antwort ist ebenso furchtbar wie offensichtlich: der mangelnde Sinn dafür, daß das Leben des anderen heilig ist, und das Fehlen jeden Gefühls im eigenen Leben. Was macht die grauenhaften Aktionen jenes eindrucksvollen und beherrschenden Phänomens möglich, das in der neuen Kriminalität besteht? Es ist wiederum furchtbar offensichtlich: eine Einstellung, die das Leben des anderen als ein Nichts und das eigene Herz lediglich als einen Muskel betrachtet.«[14] Wen Pasolini hier beschrieben hat, das ist kein anderer als der vollständig »rational«, egoistisch und gefühllos kalkulierende, atheistische, durch seine soziale Umwelt zur Gewalttätigkeit geradezu erzogene Bürger der Konsum- und Konkurrenzgesellschaft. In den italienischen und deutschen Terroristen, die gegen ihre Gesellschaft auf ihre Weise kämpfen und protestieren wollten, tritt den selbstgerechten Bürgern auf höchst unangenehme Weise ihr übersteigertes und verzerrtes Spiegelbild gegenüber.

Gegen die zerstörerische Dynamik des sozioökonomischen Systems, die noch durch die Systemkonkurrenz zwischen den Supermächten angeheizt wird, müssen die Kräfte der Bewahrung mobilisiert werden. Kräfte der Bewahrung der Menschheit in ihrer konkreten kulturellen Vielfalt, in der individuellen Ausgestaltung der Völker und ihrer Traditionen, die alle ein Recht darauf haben, »sie selbst zu bleiben« und sich von der nivellierenden und homogenisierenden Macht der Industriezivilisation frei zu machen. Was – ich betone es noch einmal – keineswegs heißt, daß sie auf

Technik und moderne Zivilisation verzichten müßten, wohl aber, daß die Erhaltung und die Wiederherstellung ihrer eigenen kulturellen und religiös-moralischen Eigenständigkeit gegenüber allen möglichen Übernahmen den Primat haben muß.

Auf diesem Weg, so scheint mir, könnten die Westeuropäer auf Grund ihrer nationalen Vielfalt und ihrer spät erworbenen, aber doch heute vorhandenen Fähigkeit zu gegenseitiger Toleranz ihrer Eigenarten eher hilfreiche Weggenossen sein als die Supermächte mit ihrem ungebrochenen imperialen Universalismus.

Anmerkungen

1 Stanisłav Lem, *Der futurologische Kongreß. Aus Ijon Tichys Erinnerungen*, Frankfurt a. M. 1976, S. 19.
2 Pier-Paolo Pasolini, *Freibeuterschriften. Aufsätze und Polemiken über die Zerstörung des Einzelnen in der Konsumgesellschaft*, Berlin 1978.
3 Fred Hirsch, *Die sozialen Grenzen des Wachstums. Eine ökonomische Analyse der Wachstumskrise*, Reinbek bei Hamburg 1980, S. 117 f.
4 Ebd., S. 139.
5 Ebd., S. 141.
6 Ebd., S. 143.
7 Karl Marx / Friedrich Engels, *Werke*, Erg.-Bd., »Schriften bis 1844«, T. 1, Berlin [Ost] 1968, S. 550 f.
8 Ebd., Bd. 3, Berlin [Ost] 1958, S. 60.
9 Ebd., S. 164.
10 Kenneth Arrow, »Gifts and Exchanges«, in: *Philosophy and Public Affairs* (Summer 1972).
11 Hirsch, S. 357.
12 Hans Adolf Fischer-Barnicol, *Die islamische Revolution*, Stuttgart 1980, S. 35.
13 Ebd., S. 40.
14 Pier-Paolo Pasolini, in: *Corriere della Sera*, 1. 3. 1975.

Textnachweise

Der Spieler und sein Gegenüber. – In: Zeitwende – die neue Furche 26 (1955) S. 137f.

Zur Dialektik von Anarchismus und Unterdrückung. – Überarb. Fass. von: Zur Dialektik des Anarchismus. In: Humanität und politische Verantwortung. Festschr. für Hans Barth. Hrsg. von Richard Reich. Erlenbach bei Zürich / Stuttgart: Eugen Rentsch, 1964. S. 37–53.

Von deutscher Sauberkeit. – In: Liberal 8 (1966) S. 658–662.

Arbeit. – In: Veränderung der Gesellschaft. Sechs konkrete Utopien. Hrsg. von Hendrik Bussiek. Frankfurt a. M.: S. Fischer, 1970. S. 44–64.

Vom Sinn der Endlichkeit menschlichen Lebens. – In: Schweizerische Rundschau für Medizin, Praxis 61 (1972) Nr. 41, S. 3–12.

Reflexionen über den Zynismus als Krankheit unserer Zeit. – Vortrag. Entst. 1975/76. Erstveröffentlichung.

Rousseau, Voltaire und wir. – In: Merkur. Deutsche Zeitschrift für europäisches Denken 32 (1978) S. 641–654.

Das Recht, man selbst zu bleiben. – Vortrag im Goethe-Institut Teheran am 14. 4. 1980. Erstveröffentlichung.

Biographische Notiz

Iring Fetscher, geboren am 4. März 1922 in Marbach am Neckar, aufgewachsen in Dresden (1923–40).

1940	Abitur
1940–45	Militärdienst in einem Artillerieregiment

Am 8. Mai 1945 wird mein Vater, Prof. Dr. med. Rainer Fetscher, der sich als Sprecher von Dresdner Widerstandskämpfern auf dem Weg zum sowjetischen Stadtkommandanten befand, von einer SS-Streife auf der Prager Straße erschossen.

1946–50	Studium der Philosophie, Germanistik und Romanistik in Tübingen und Paris.
1950	Promotion zum Dr. phil. mit einer Arbeit über *Hegels Lehre vom Menschen* bei Eduard Spranger, bis zu dessen Emeritierung Assistent von Spranger.
1959	Habilitation mit der Arbeit *Rousseaus politische Philosophie.*
1963	Ruf auf das Ordinariat für Politikwissenschaft der Johann-Wolfgang-Goethe-Universität in Frankfurt a. M.
1968/69	Theodor-Heuss-Professor an der Graduate Faculty der New School for Social Research in New York.
1972/73	Fellow des Netherlands Institute for Advanced Study in Wassenaar.
1974/75	Gastprofessor an der Universität Nijmegen.
1976/77	Fellow der History of Ideas Unit des Australian Institute for Advanced Studies der National University Canberra und Gast des Institute for European Studies der Harvard University Cambridge, Mass.

Rufe an die Universitäten Konstanz, Nijmegen, Wien.

Veröffentlichungen von Iring Fetscher

[nur selbständige Publikationen]

Von Marx zur Sowjetideologie. Sozialkundebrief für Jugend und Schule. Wiesbaden: Landeszentrale für Heimatdienst, 1956. 2., erw. Ausg. Frankfurt a. M.: Diesterweg, 1957. 21., erw. Ausg. Frankfurt a. M.: Diesterweg, 1981.

Die Freiheit im Lichte des Marxismus-Leninismus. Bonn: Schriftenreihe der Bundeszentrale für Heimatdienst, 1960.

Rousseaus politische Philosophie. Zur Geschichte des demokratischen Freiheitsbegriffs. Neuwied/Berlin: Luchterhand, 1960. ^{2}1968. 3. Aufl. Frankfurt a. M.: Suhrkamp, 1975. [Ital. Mailand: Feltrinelli, 1972.]

Karl Marx und der Marxismus. Von der Philosophie des Proletariats zur proletarischen Weltanschauung. München: Piper, 1967. [Ital., span., japan., engl. Übersetzungen.]

Hegels Lehre vom Menschen. Kommentar zu den §§ 387 bis 428 der Enzyklopädie der philosophischen Wissenschaften. Stuttgart: Fromann-Holzboog, 1970. Druckfass. der Diss. von 1950. [Japan Übers. 1983.]

Die Demokratie, Grundfragen und Erscheinungsformen. Stuttgart: Kohlhammer, 1970. ^{2}1972. [Ital. Bari: Laterza, 1974.]

Hegel – Größe und Grenzen. Stuttgart: Kohlhammer, 1971. [Ital. Mailand: Feltrinelli, 1973.]

Modelle der Friedenssicherung. Mit einem Anhang ›marxistisch-leninistische Friedenskonzeptionen‹. München: Piper, 1972. ^{2}1973. [Holl. Utrecht/Antwerpen 1974.]

Demokratie zwischen Sozialdemokratie und Sozialismus. Stuttgart: Kohlhammer, 1973. ^{2}1975.

Wer hat Dornröschen wachgeküßt? Das Märchenverwirrbuch. Düsseldorf: Claassen, 1973. Taschenbuchausg. Frankfurt a. M.: S. Fischer, 1975. 200. Tsd. 1982. [Ital. Mailand 1975.]

Marxistische Porträts. Bd. 1 [mehr nicht ersch.]. Stuttgart: Fromann-Holzboog, 1975.

Terrorismus und Reaktion. Köln: Europäische Verlagsanstalt, 1977. 2., erw. Aufl. Reinbek bei Hamburg: Rowohlt, 1980. [Ital. Übers. 1979.]

Überlebensbedingungen der Menschheit. Zur Dialektik des Fort-

schritts. München: Piper, 1980. [Zuerst: Konstanz: Universitätsverlag, 1976.]
Herrschaft und Emanzipation. Zur (politischen) Philosophie des Bürgertums. München: Piper, 1977.
Vom Wohlfahrtsstaat zur neuen Lebensqualität. Herausforderungen des demokratischen Sozialismus. Köln: Bund Verlag, 1982.
Der Nulltarif der Wichtelmänner. Märchen und andere Verwirrspiele. Düsseldorf: Claassen, 1982.

Inhalt

Deutsche Philosophie des 20. Jahrhunderts

IN RECLAMS UNIVERSAL-BIBLIOTHEK

Hans Albert, Kritische Vernunft und menschliche Praxis. 5 Texte. Mit einer autobiographischen Einleitung. 9874 [2]

Hans Blumenberg, Wirklichkeiten, in denen wir leben. Aufsätze und eine Rede. 7715 [2]

Rüdiger Bubner, Zur Sache der Dialektik. 4 Aufsätze. 9974 [2]

Hans Ebeling, Freiheit, Gleichheit, Sterblichkeit. Philosophie nach Heidegger. 7776 [2]

Kurt Flasch, Augustin. Einführung in sein Denken. 9962 [5]

Hans-Georg Gadamer, Die Aktualität des Schönen. Kunst als Spiel, Symbol und Fest. 9844

Jürgen Habermas, Politik, Kunst, Religion. 6 Essays über zeitgenössische Philosophen. 9902 [2]

Nicolai Hartmann, Der philosophische Gedanke und seine Geschichte. Nachwort von Ingeborg Heidemann. 8538 [3]

Martin Heidegger, Der Ursprung des Kunstwerkes. Mit einer Einführung von Hans-Georg Gadamer. 8446 [2]

Martin Heidegger · Fragen an sein Werk. Ein Symposion. Beiträge von J. Busche, B. Willms, M. Theunissen, J. B. Lotz, K.-H. Volkmann-Schluck, E. Jüngel, H. Birault und A. Schmidt. 9873

Werner Heisenberg, Quantentheorie und Philosophie. Vorlesungen und Aufsätze. Hrsg. Jürgen Busche. 9948 [2]

Dieter Henrich, Selbstverhältnisse. Gedanken und Auslegungen zu den Grundlagen der klassischen Philosophie. 7852 [2]

Arthur Hübscher, Von Hegel zu Heidegger. Gestalten und Probleme. 8651 [4]

Roman Ingarden, Über die Verantwortung. 8363 [2]

Karl Jaspers, Über Bedingungen und Möglichkeiten eines neuen Humanismus. 3 Vorträge. Nachwort von Kurt Rossmann. 8674

Politologische Texte

IN RECLAMS UNIVERSAL-BIBLIOTHEK

Auswahl

Aristoteles, *Der Staat der Athener.* Übers. u. hrsg. v. Peter Dams. 3010

Jean Bodin, *Über den Staat.* Auswahl. Übers. u. Nachw. v. Gottfried Niedhart. 9812 [2]

Thomas Hobbes, *Leviathan.* Erster und zweiter Teil. Übers. v. J. P. Mayer. Nachw. v. Malte Diesselhorst. 8348 [4]

Wilhelm von Humboldt, *Ideen zu einem Versuch, die Grenzen der Wirksamkeit des Staats zu bestimmen.* Nachw. v. Robert Haerdter. 1991 [3]

John Locke, *Über die Regierung.* In der Übers. v. Dorothee Tidow mit einem Nachw. hrsg. v. Peter Cornelius Mayer-Tasch. 9691 [3]

Niccolo Machiavelli, *Der Fürst.* Übertr. v. Ernst Merian-Genast. Einf. v. Hans Freyer. 1218 [2]

Marsilius von Padua, *Der Verteidiger des Friedens.* Übers. v. Walter Kunzmann. Bearb. v. Horst Kusch. Ausw. u. Nachw. v. Heinz Rausch. 7964 [3]

John Stuart Mill, *Über die Freiheit.* Aus dem Englischen übers. v. Bruno Lemke. Hrsg. v. Manfred Schlenke. 3491 [3]

Charles de Montesquieu, *Vom Geist der Gesetze.* Eingel., ausgew. u. übers. v. Kurt Weigand. 8953 [6]

Thomas Morus, *Utopia.* Übertr. v. Gerhard Ritter. Nachw. v. Eberhard Jäckel. 513 [2]

Thomas Paine, *Common Sense.* Übers. und hrsg. v. Lothar Meinzer. 7818 [2]

Samuel Pufendorf, *Die Verfassung des deutschen Reiches.* Aus dem Lateinischen übers. u. hrsg. v. Horst Denzer. 966 [3]

Jean-Jacques Rousseau, *Vom Gesellschaftsvertrag oder Grundsätze des Staatsrechts.* Hrsg. v. Hans Brockard. 1769 [3]

Thomas von Aquin, *Über die Herrschaft der Fürsten.* Übers. v. Friedrich Schreyvogl. Nachw. v. Ulrich Matz. 9326

Philipp Reclam jun. Stuttgart